—— 가장 쉬운 ——
카드뉴스 &
상세페이지 만들기

가장 쉬운
카드뉴스&상세페이지 만들기

초판 1쇄 인쇄 | 2019년 12월 1일
초판 1쇄 발행 | 2019년 12월 5일

지 은 이 | 권지현
발 행 인 | 이상만
발 행 처 | 정보문화사

편 집 진 행 | 노미라

주   소 | 서울시 종로구 대학로 12길 38 (정보빌딩)
전   화 | (02)3673-0037(편집부) / (02)3673-0114(代)
팩   스 | (02)3673-0260
등   록 | 1990년 2월 14일 제1-1013호
홈 페 이 지 | www.infopub.co.kr

I S B N | 978-89-5674-846-7

가장 쉬운
카드뉴스 &
상세페이지 만들기

권지현 지음

정보문화사
Information Publishing Group

머리말

책을 준비하다보니 지난날들이 다시금 떠오릅니다. 취미로 시작했던 포토샵이 직업이 되고, 많은 분들 앞에서 강의를 할 때마다 강조하고 싶었던 내용이 담긴 책을 만들고 싶다는 생각이 문득 들 때가 있었습니다. 온라인 판매를 시작했을 때 좌절을 경험하기도 하고 기쁨을 맛보기도 했던 저의 이야기를 들려드리고 싶다는 생각을 할 때도 있었습니다.

저는 늘 "어렵다고 생각하지 마세요. 잘 할 수 있다는 생각이 더 좋은 결과를 만들어 줄 것이에요."라고 말하곤 했습니다. 그만큼 긍정적인 생각이 중요하다고 생각합니다.

네이버 스마트스토어, 옥션, G마켓 등의 오픈마켓과 쇼핑몰, 그리고 SNS 곳곳에 사용되는 이미지를 만드는 것은 어렵지 않습니다. 다만, 단순히 SNS 업로드용 이미지를 만들 것이냐, 상업성을 함께 갖추고 있는 이미지를 만들 것이냐에 따라 접근 방식과 제작 방법은 매우 달라집니다.

단순한 디자이너가 될 것인가? 판매자가 될 것인가? 이 두 개의 길을 명확히 해야 할 것입니다. 판매자가 되어 상업성을 갖춘 이미지를 제작해야 한다면, 디자이너가 아닌 기획자가 되어야 하고 마케터가 되어야 합니다. 기획자와 마케터의 시선에서 바라봐야 하는 디자인을 상상하고, 한발 다가가 친숙해지길 바랍니다.

온라인 판매를 하고 홍보하고 마케팅을 한다는 것은 결코 쉽지 않지만, 지치지 않고 도전할 수 있는 용기가 있다면 여러분은 이미 성공의 궤도에 올랐다고 생각합니다. 막막하고 힘든 상황을 만났을 때 이 책에 담긴 내용이 여러분에게 도움이 되길 바랍니다.

권지현

※이 책은 포토샵 CC 2019 기반으로 작성되었지만, 포토샵 CS6부터 최신 버전까지 활용 가능합니다.
※이 책의 예제 파일은 정보문화사 홈페이지(infopub.co.kr) 자료실에서 다운로드 가능합니다.

실무의 감각을 그대로 책에 표현했다는 것은 매우 놀라운 능력입니다. 디자인과 관련된 여러 콘텐츠 분야에 작가님의 세심한 배려가 담긴 기술서라고 생각합니다.

이베이 판매자교육센터 실장 김덕주

이 책은 친절합니다. 10여년 기간 동안 디자인 분야 강의를 통해 얻은 노하우를 누구라도 쉽게 알 수 있도록 용어 및 설명이 친절하게 정리되어 있습니다. 온라인 판매를 시작하는 사람들에게 제품 정보를 정확히 전달할 수 있는 최적화된 메시지를 만들어 낼 수 있도록 가이드 역할을 해줍니다. 단순한 가이드북이 아닌 제품 속성에 따른 상품 페이지 기획/구성에 대한 노하우를 아낌없이 제공하고 있어, 온라인 창업을 준비하는 사람들에게 추천합니다.

이베이코리아 판매고객성장지원실 팀장 서지훈

상품 페이지에서 고객의 관심을 끌어내고 판매자가 쉽게 활용할 수 있는지가 중요합니다. 수년간 온라인 영역과 교육 현장의 경험을 바탕으로 한 실전서의 출간을 기쁘게 생각합니다. 누구보다 바쁘게 열정적으로 살고 있는 저자이기에 더욱 힘찬 박수를 드립니다.

직업교육전문가, 서울 IT 직업전문학교 대표 이상헌

저자는 평소 강의에서 상품 페이지의 어떤 부분이 소비자의 구매 심리를 자극하는지 핵심을 잘 파악하는 강사로 유명합니다. 상품페이지 제작 노하우가 이 한 권에 잘 표현되어 있어 인터넷 판매자들에게 시간과 노력을 줄여줄 수 있을 것이라고 확신합니다.

한성대 한디원 패션비즈니스 전중열 교수

초보뿐만 아니라 기존 판매자에게도 요소별 도움이 되는 현실적인 내용으로 구성이 잘 되어 있습니다. 쉽고 간결하여 기나긴 포토샵 과정 수강 필요 없이, 이 책 하나만으로도 상품 관련 페이지 제작 완성이 가능할 수 있게 되어 있어 만족합니다.

(주)이씨비즈 대표 황주혁

Contents

공감을 부르는 카드뉴스와 상세페이지 기획하기

매출로 이어지는 끌리는 디자인

디자인을 위한 포토샵 필수 기능 익히기

쉽게 만드는 카드뉴스&상세페이지

손실 ZERO! SNS 홍보 마케팅!

카드뉴스와 상세페이지는 마케팅 전략입니다.

나만의 콘텐츠로 고객의 시선을 사로잡고

고객이 스스로 행동하게 만들어야 합니다.

고객과 소통할 수 있는 기획을 해야

완성도 높은 이미지를 제작할 수 있습니다.

PART

01

공감을 부르는 카드뉴스와 상세페이지 기획하기

01 SECTION 카드뉴스의 정의

고객과 소통하는 수단

카드뉴스는 전달하고자 하는 정보를 간결한 텍스트와 이미지로 재구성하여 표현하는 카드 형식의 뉴스 콘텐츠입니다. 보통 카드뉴스의 첫 장은 표지 역할을 한다고 볼 수 있습니다. 카드뉴스에서 전달하고자 하는 전체적인 내용을 함축적으로 제목+이미지로 구성하고, 나머지 장은 그 뒤를 잇는 내용으로 구성합니다. 우리가 그동안 많이 봐왔던 블로그 포스트와도 유사한 형태라고 할 수 있습니다.

카드뉴스는 이미지를 편집하거나 영상을 편집하는 등의 전문 제작 기술이 필요하다기보다는 글과 내용을 적당하게 편집하는 능력을 중심으로 하기에 쉽게 제작하고 웹상에 노출시킬 수 있다는 점에서 우리가 접근하기 쉬운 콘텐츠라고 할 수 있습니다.

무작정 이미지와 텍스트만 넣는다고 다 같은 카드뉴스일까요? 고객이 매력을 느끼지 못하면 카드뉴스라고 할 수 없습니다. 카드뉴스를 통해 공감을 이끌어 내고 함께 소통해야 합니다. 우리는 정보를 전달하거나 나의 브랜드나 상품 등을 홍보 수단으로 카드뉴스라는 콘텐츠를 활용합니다. 결국 고객과 소통하고, 고객으로 하여금 공감할 수 있는 카드뉴스야 말로 진정한 의미의 카드뉴스라고 할 수 있습니다. 텍스트를 이미지화 한다는 생각보다는 '고객에게 전달하고자 하는 내용이 무엇인가?', '카드뉴스로 하여금 우리가 얻고자 하는 것은 무엇인가?'를 고민하고 목표를 설정해야 좋은 카드뉴스를 만들 수 있습니다.

소셜미디어로 수익 창출

좋은 카드뉴스가 필요한 이유는 무엇일까요? 소셜커머스인 쿠팡, 티몬, 위메프는 이미 오픈마켓화되어 가고 있고, 유튜브, 페이스북, 인스타그램과 같은 SNS가 급부상하며 이미 많은 사람들이 이를통해 수익을 창출하고 있습니다.

동영상 콘텐츠와 더불어 카드뉴스는 소통하는 수단인 동시에 수익 창출의 수단으로도 볼 수 있습니다. 고객의 입장에서 만든 카드뉴스는 고객의 시선을 사로잡을 수 있고, 이는 매출을 높이는 콘텐츠마케팅이라 할 수 있습니다. 상위 노출을 위해 키워드 광고, 메인 광고, 배너 광고, SNS 광고 등을 집행합니다. 하지만 무작정 비싼 비용을 들여 광고를 한다고 매출이 오르는 것은 아닙니다. 고객이 흥미를 느낄 만한 콘텐츠가 있어야 사이트 체류시간, 구매전환율을 증가시키고 비로소 매출 증대 효과를 볼 수 있습니다. 결국 노출도 중요하지만 탄탄한 콘텐츠가 우선되어야 할 것입니다.

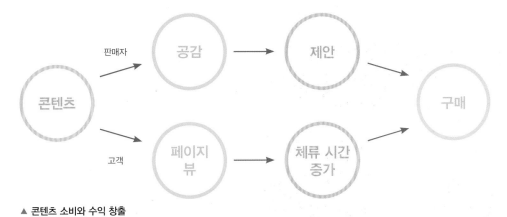

▲ 콘텐츠 소비와 수익 창출

남녀가 만나 첫 눈에 반하는 시간이 3~5초라는 통계가 있습니다. 사람과 사람의 만남뿐만 아니라시선을 끌고 호감을 느끼는 시간은 단 몇 초라는 매우 짧은 시간입니다. 결국 우리는 매우 짧은 시간안에 고객의 시선을 사로잡을 수 있는 콘텐츠를 제작해야 한다는 것입니다. 이러한 측면에서 카드뉴스는 매력적인 콘텐츠라 할 수 있습니다. 카드뉴스를 효과적으로 활용하기 위해서는 고객의 호기심을 자극하는 요소를 잘 이해하고 적절히 사용해야 합니다.

〈고객의 호기심을 자극하는 요소〉

▲ 질문을 이용해 상상력 발휘

▲ 비교를 통한 호기심 유발

▲ 당위성을 강조하여 설득

▲ 숫자를 이용한 시각을 자극

02
SECTION

카드뉴스의 종류

나열형

전달하고자 하는 내용을 순서대로 작성하되, 특정 정보에 대한 내용을 이해하기 쉽게 요약해서 정보를 나열하는 유형입니다. 정보를 압축해서 보여주는 것을 중점으로 제작합니다.

스토리텔링형

이야기하듯이 콘텐츠를 전달하는 유형으로 재미, 감동, 흥미 등의 요소를 적절히 배치해 대화하듯이 문구를 작성하는 것이 좋습니다. 나열형보다 전달 효과가 높습니다.

웹툰형

이미지와 스토리가 어우러진 콘텐츠 유형입니다. 일반인들이 직접 제작하기에는 어려움이 따르고, 전문가에게 의뢰하기에는 비용 부담이 높은 편이라 시도하기 쉽지 않습니다.

03 SECTION 상세페이지의 정의

온라인 판매에 있어 가장 중요한 부분 중 하나는 상품노출이라 할 수 있습니다. 노출이 잘된 상품은 많은 구매자의 눈에 띄게 되고 구매자들의 상품 클릭을 유도합니다. 온라인에서의 상품 소개 페이지는 오프라인에서 상품을 홍보하여 판매를 하듯이 상품을 홍보하는 수단이라고 할 수 있습니다. 오프라인에서 소비자는 직접 상품을 눈으로 보고 손으로 만져보고 구매하지만 온라인에서는 상세페이지를 통해 제품의 정보를 얻게 됩니다. 결국 상세페이지는 상품의 매출 증대를 이루는 마케팅의 하나입니다.

이에 상세페이지는 온라인 판매에 있어 매우 중요한 부분이라고 할 수 있습니다. 그동안 필자는 온라인 창업 강의를 하면서 상세페이지만 바꿨을 뿐인데, 매출이 2~3배, 혹은 10배 이상 증가하는 사례를 심심치 않게 보아왔습니다. 이는 상세페이지의 역할이 매우 중요하다는 것을 보여주는 예라고 할 수 있습니다.

그렇다면 잘 만든 상세페이지란 무엇일까요? 온라인 창업을 준비하고 계신 분들에게 '잘 만든 상세페이지는 어떤 것일까요?'라는 질문을 자주 합니다. 많은 사람들이 디자인이 예쁘고 우수한 상세페이지를 '잘 만든 상세페이지'라고 답합니다. 물론, 심미적인 측면을 무시할 수 없습니다. 디자인이 우수하다면 당연히 호감은 상승할 것입니다. 하지만 시각적으로 아름답다고 해서 좋은 상세페이지라고 할 수는 없습니다. 고객의 마음을 움직이고 상품 구매까지 이르게 하는 상세페이지가 진정으로 잘 만든 상세페이지라고 할 수 있습니다. 상세페이지를 만들기에 앞서 상세페이지를 어떻게 기획하고 구성해야 구매자의 마음을 사로잡을 수 있는지 알아보겠습니다.

04 SECTION 상세페이지의 구성 요소

상품을 표현할 때 가장 중요한 것은 상품의 이미지를 사실감 있게 전달할 수 있어야 하며 판매자가 물건의 특성을 정확히 파악하여 구매자로 하여금 구매 욕구를 자극할 수 있어야 합니다. 이에 페이지는 주관적인 생각을 포함하는 것이 아니라 일반적인 구성을 파악해야 합니다.

▲ 상세페이지의 필수 요소

상품페이지의 상단 이미지는 어떤 것인가

상품페이지의 상단 이미지는 오프라인 매장의 간판에 해당됩니다. 어떤 물건을 판매할 것인가에 대한 부분을 어필하는 부분이라고 생각할 수 있습니다. 특별한 형식을 벗어나 빼놓지 말아야 할 부분은 판매자의 소개입니다. 판매에 있어 새로운 구매자를 유입하는 것도 중요하겠지만 그에 앞서 기존의 구매자가 다시 내 상품을 구매하도록 유도해야 하는 것 또한 간과하지 말아야 할 부분입니다. 그래서 상단 이미지에 로고를 넣어 내 상호를 한 번 더 기억하고, 구매에 앞서 상품의 검색이 아닌 판매자의 상호를 검색하여 상품을 다시 찾아 들어와 구매할 확률을 높일 수 있다고 보면 됩니다.

상품의 이미지 표현하기

상품의 이미지를 표현하는 부분은 구매자의 구매 욕구를 충분히 자극시켜 줄 수 있는 부분으로 오프라인 매장의 데코레이션이라고 할 수 있습니다. 일반적으로 볼 수 있는 상품을 실제의 적용 모습으로 보여줌으로써 구매 욕구를 자극할 수 있습니다. 단편적인 예로 식품의 포장 상태를 보여 주는 것보다는 식품의 조리 상태를 보여주어 구매 후의 활용 가능 범위를 보여주는 것입니다. 쉽게 생각하면 홈쇼핑에서 모델들이 맛있게 먹는 모습을 보여주는 부분이라 할 수 있습니다.

이벤트 페이지

구매자들에게 제공되는 혜택을 노출시키는 부분으로 동일 상품이더라도 사은품이나 할인 이벤트, 적립 이벤트 등을 통하여 구매 욕구를 자극시켜 주는 부분입니다. "오늘만 이 가격!" 등의 카피 문구를 삽입하는 것을 예로 볼 수 있습니다.

상품의 이미지를 통한 구성하기

상품에 대한 구체적인 정보를 제공하는 것으로 구매를 결정하게 하는 부분입니다. 이 부분은 상품의 모든 정보를 표현하는 부분으로 구매자의 의문사항을 해결해줄 수 있도록 구성하여야 합니다. 오프라인 상점에서의 쇼윈도와 같은 역할을 하므로 제품 판매와 직결되기 때문에 상품 이미지와 함께 적절한 설명을 곁들여 제품의 장점을 부각시켜야 합니다.

상품의 사이즈 표현하기

상품의 사이즈 표현에 있어 다양한 방법이 있겠지만, 구매자가 정확한 상품의 정보를 파악할 수 있도록 구성하는 것이 좋습니다. 예를 들어 구매자가 일반적인 이해를 할 수 있도록 동전, 사람의 손바닥 등의 사이즈를 비교하여 표기하는 방법도 좋은 방법이라 할 수 있습니다.

판매자의 신뢰도 높이기

판매자의 신뢰성을 높이기 위해 인증된 기관에서 발급된 시험 성적서나 공인된 인증서를 보여줄 수 있습니다. 실제 제품의 생산 과정 등의 모습을 보여주거나 기존에 판매되었던 상품의 후기 등을 보여주어 믿을 수 있는 제품이라는 것을 인식시킬 수 있습니다.

배송 정보

배송 정보는 구매자의 궁금증이나 불편사항을 해소해주는 부분으로 향후 생길 수 있는 교환 및 반품의 분쟁에서 대처 가능한 부분입니다. 이 부분은 동일상품 혹은 유사한 상품을 판매하는 탑셀러의 페이지를 참조하여 정확하고 자세하게 기록하기를 권고합니다. 단, 다소 지루하게 느낄 수 있는 부분이므로 서술형의 기록보다는 구매자가 이해하기 쉽도록 기재하기를 권합니다.

상품페이지는 실제로 타 경쟁사들의 상품페이지와 비교하여 좋은 표현 방법을 찾아내되 자신의 상품의 장점을 정확하게 파악하고 표현하는 것이 가장 효과적인 방법입니다. 타사의 좋은 방법이라고 하여 무조건 따라한다면 구매자는 식상하게 여길 수 있습니다. 가장 중요한 것은 여러 상품페이지를 분석하고 자신만의 참신한 표현 방법으로 상품의 장점을 부각시키는 것이 온라인 판매자들 속에서 주목받고 성공할 수 있는 최선의 방법이라 할 수 있습니다. 타 경쟁사의 상세페이지를 참고하라는 것은 결코 그 판매자의 방법을 답습하라는 것이 아닙니다.

어떤 구매자를 대상으로 판매할 것인가? 내 상품의 구매자들은 어떤 궁금증을 가지고 있는가? 구매자들은 타사의 제품에서 어떠한 불만사항을 가지고 있는가? 나는 어떠한 상품을 판매할 것인가에 대하여 생각하는 것이 가장 중요하다고 볼 수 있습니다. 단순하게 상품의 설명을 기술하는 것이 아닌 어떠한 콘셉트로 얼마나 정보를 잘 전달할 것인가에 대해 고민해 봐야 합니다. 거듭 강조할 부분은 "어떤 구매자를 대상으로 어떤 콘셉트로 온라인 상점을 꾸려나갈 것인가?"입니다. 제품과 어울리는 페이지의 콘셉트를 통해 상품을 잘 포장하는 것 또한 판매자가 갖춰야 할 부분입니다.

05 SECTION 카드뉴스 기획

전달하고자 하는 내용은 무엇인가

카드뉴스를 제작하기에 앞서 가장 중요한 것은 우리가 '카드뉴스로 하여금 얻고자 하는 것이 무엇인가?'라는 것을 명확하게 하는 것입니다. 즉, 카드뉴스의 목적을 반드시 짚고 넘어가야 합니다. 다음의 목표를 참고로 나의 목표를 설정해 보세요.

'운영하는 단체의 이름을 알리고 후원자를 모집하는 것이다'
'내가 판매하는 상품의 판매량을 높이는 것이다'
'나의 상점을 소개하고 방문객을 늘리는 것이다'

목표를 설정해야만 전달하고자 하는 내용을 효과적으로 표현할 수 있습니다.

누구에게 전달하고자 하는가

목표 설정이 끝났다면 Target 설정을 해야 합니다. Target 설정을 구체적으로 해야만 고객층의 마음을 움직일 수 있는 콘텐츠를 제작할 수 있습니다. Target을 '20~30대 여성'으로 설정했다면 콘텐츠의 제목을 정하는 것조차 어려울 것입니다.

'결혼 준비를 하면서 피부 관리가 필요한 여성'
'반복적으로 다이어트에 실패하는 사람'
'공부에 지쳐 면역력 관리가 필요한 수험생'

위와 같이 구체적으로 고객층을 설정했다면 고객층이 선호하는 콘텐츠를 정리하는 것 또한 수월해질 것입니다.

고객은 어떤 콘텐츠를 선호하는가

첫 단추를 잘 잠가야 다음 단추를 쉽게 잠그듯 카드뉴스의 기획 역시 첫 단계부터 꼼꼼하게 체크해야 수월하게 다음 단계로 진행됩니다. 고객이 원하는 정보를 읽고 싶게끔 쉽고 재미있게 표현해야 우리의 목표를 달성할 수 있습니다.

그렇다면 고객의 시선에 맞추어 고객층이 선호할 만한 콘텐츠를 만들기 위해서는 어떻게 해야 할까요? 고객의 마음을 움직이고 공감하는 콘텐츠는 어떻게 만들 수 있을까요? 위의 질문에 답을 얻기 위해 우리는 소비자와 트렌드 분석을 해야 합니다.

가장 쉽고 좋은 분석은 여러 SNS 채널을 찾아보는 것입니다. 특히 댓글, 공유가 많고 많은 공감을 얻은 게시물을 중점적으로 비교해보고 특징을 파악해 보는 것이 좋습니다.

〈콘텐츠 설정 예시〉

- 목표 : 상품의 판매량 높이기
- 타깃 : 공부에 지쳐 면역력 관리가 필요한 수험생
- 콘텐츠 : 면역력에 좋은 식품
  수험생 건강 식단
  면역력에 좋은 운동법
  집중력 향상에 좋은 상품 소개

06 SECTION 상세페이지 기획

고객의 입장에서 생각하라

⁑Target 대상은 명확하게!

주요 고객층을 파악해야 행동 패턴을 고려한 판매 전략을 세울 수 있습니다. 단순히 어떤 아이템을 판매할 것인가에 대한 고민뿐만 아니라 누구에게 무엇을 판매할 것인가를 고민해야 합니다. 예를 들면 '여성 의류를 판매하겠다' 보다는 '30대 미혼 여성에게 의류를 판매하겠다'처럼 구체적일수록 체계적으로 계획을 세울 수 있습니다.

⁑Needs 고객은 무엇을 원하는가?

고객의 Needs를 알아야 효과적으로 나의 제품을 안내하고 전달할 수 있습니다. 초보자들이 작성한 기획서는 불필요한 내용이 많습니다. '고객은 어떤 내용을 알고 싶어 할까?', '고객은 이 제품을 통해 어떠한 것을 얻고자 할까?', '어떻게 이야기해야 쉽게 이해하고 관심을 갖게 될까?'를 고민하여 고객의 관점에서 접근해야 합니다.

인지　홍미　선호　비교　구매　재구매

▲ 소비자의 행동 패턴

❋Good 좋은 기획은 잘 차려진 밥상과도 같다.

잘 작성한 기획서는 잘 차려진 밥상과도 같습니다. 맛있는 기획서를 작성하기 위해서는 디자인보다 짜임새 있는 콘텐츠 배치로 고객을 설득해야 합니다. 제품의 정보 정리가 잘된 상세페이지는 고객으로 하여금 관심과 흥미를 가지고 정보를 얻게 합니다. 단조로운 텍스트만을 사용하기 보다는 비주얼적인 요소(아이콘, 이미지, 동영상 등)를 적절히 활용하는 것이 좋습니다.

어떤 내용을 강조할 것인가

❋Essential 필수 정보 파악!

제품의 카테고리별 필수 내용을 파악해야 합니다. 일반적인 구성 외에 어떤 제품을 판매하느냐에 따라 반드시 포함되어야 하는 내용이 있습니다. 예를 들어 의류라면 소재 및 착용감, 가전이라면 브랜드 및 제품의 사양, 식품이라면 표시 성분과 제조 공정 및 포장이 필수 내용이 될 것입니다.

❋Procedure 어떤 순서로 설명할 것인가?

카드뉴스와 상세페이지 모두 정해진 순서는 없습니다. 물 흐르듯 자연스럽게 순서를 정하면 됩니다. 단, 가장 중요한 내용, 고객이 흥미를 가질만한 내용을 먼저 배치하고 내용의 중요도에 따라 순차적으로 배치하는 것이 좋습니다. 만약 판매하고자 하는 제품이 세탁세제라면 어떤 내용이 중요할까요? 일반 세탁세제라면 판매가격과 상품의 구성이 먼저 배치되어야 할 것입니다. 하지만 유아전용 세탁세제라면 검증된 인증서와 권위정보, 그리고 성분에 대한 내용이 우선시 되어야 합니다. 이처럼 제품의 특성에 따라 내용의 우선순위를 정해야 합니다.

❋Point 어떻게 표현할 것인가?

고객에게 동일한 정보를 전달하더라도 표현 방식에 따라 고객의 이해도와 관심도는 달라질 수 있습니다. 비주얼은 언제나 옳습니다. 고객의 시선을 끌 수 있어야만 고객으로 하여금 구매를 유도할 수 있습니다. 큰이미지를 사용한 브랜드 이미지 표현, 아이콘을 이용한 타이틀 및 핵심 내용 표현, 동영상을 활용하여 제품의 사용방법 표현 등 어떠한 내용을 설명할 때에 무엇을 이용한 설명이 효과적일 것인가 고민해야 합니다.

어떤 디자인을 할 것인가

카드뉴스나 상세페이지와 같은 콘텐츠를 제작하기에 앞서 콘셉트를 정하고 벤치마킹을 해야 합니다. 콘셉트는 일종의 주제라고 생각하면 됩니다.

브랜딩을 위한 카드뉴스를 제작하는 데 콘셉트를 '친환경'으로 한다고 가정해 보겠습니다. 먼저 '자연', '건강한', '깨끗한', '믿을 수 있는' 등과 같이 '친환경'과 유사한 의미를 가진 단어와 '녹색', '파란색', '연두색', '흰색' 등과 같이 '친환경'을 떠올렸을 때 연상되는 색상을 나열합니다. 이 작업을 통해 콘텐츠의 제작 방향이 정해지게 됩니다.

그 이후 비슷한 콘셉트의 사이트나 그 외에 자료 수집을 통해 벤치마킹을 한다면 디자인 작업시간을 단축시킴과 동시에 완성도가 높은 콘텐츠를 제작할 수 있습니다. 만약 콘셉트가 없다면 명확한 주제가 없는, 다시 말해 매력이 없는 콘텐츠가 될 수 있습니다.

〈콘셉트 잡기 예시〉

① 콘셉트 및 타깃 설정

- 홍보할 상품 : 임산부 의류
- 타깃 : 임신 전 개월/출산 후 수유기 여성
- 단어 : 사랑스러운, 실용성, 편안한, 예쁜, 활동적인

② 주제 색 및 로고 제작

③ 콘텐츠 제작

디자인은 명품을 만듭니다.

제품의 특징을 살린 디자인은

고객의 마음을 움직일 수 있습니다.

PART 02

매출로 이어지는
끌리는 디자인

01 SECTION 로고 정하기

로고는 브랜딩을 하고 이미지 마케팅을 하는데 가장 기본이 되는 요소라고 할 수 있습니다. 단순히 텍스트의 나열보다는 상징적 의미를 형태화 하는 심볼을 활용하거나, 텍스트를 이미지화 하는 것이 좋습니다. 나 또는 나의 상점, 나의 브랜드를 소비자에게 각인시키기 위해 로고는 제작하는 것이 좋습니다. 로고를 제작할 때 기억해야 할 다섯 가지 특징을 살펴보겠습니다.

직접적인 제품명을 사용하지 않는 것이 좋습니다. 향후 사업의 확장성을 고려한다면 특정 제품명보다는 콘셉트에 맞추어 로고를 제작하는 것도 좋은 방법입니다. 다음은 '이야기하고 소통하는 공간'이라는 콘셉트를 정하고 정보 공유를 목적으로 커뮤니티를 운영하며 컨설팅 서비스를 제공하는 업체의 로고입니다. '너와 나', '우리', '공간', '공유', '소통' 등의 연관 키워드를 녹여 로고를 제작할 수도 있습니다.

로고에는 테두리를 넣지 않는 것이 좋습니다. 일반적으로 테두리는 강조와 분할의 의미를 가지지만 로고에 사용할 경우 오히려 기억되는 데 방해요소가 될 수 있습니다.

▲ good   ▲ bad

깨끗하고 선명한 글꼴을 사용하는 것이 좋습니다. 캘리그래피 또는 손글씨체라 이야기하는 글꼴은 로고보다는 꾸밈에 이용하는 것이 좋습니다. 명조체나 고딕체를 이용하여 로고를 제작한다면 각인에 유리합니다.

▲ good   ▲ bad

고딕체나 명조체가 딱딱한 느낌이 든다면 다음과 같이 모서리를 둥글게 제작하여 친근감을 표현할 수도 있습니다.

화려한 색상보다는 하나의 색상만을 사용하는 것이 좋습니다. 로고를 제작하는 목적은 고객으로 하여금 나의 브랜드를 기억시키기 위함입니다. 로고 역시 하나의 색상을 사용한다면 브랜드의 이미지를 표현함과 동시에 각인시키기 유리합니다.

브랜드명이 길면 약자 또는 줄임말을 사용하는 것도 하나의 방법이 될 수 있습니다. 통상적으로 가장 기억하기 쉽고 발음하기 쉬운 글자 수는 3~4자입니다. 기억하기 쉽도록 줄임말을 활용하여 로고를 제작한다면 심볼로 활용하기에도 좋습니다.

02 SECTION 컬러 정하기

색상을 선택할 때에는 70%, 25%, 5%의 법칙을 이용하여 배경색, 보조색, 주제색을 선택합니다. 보통의 기업은 아이텐티티 색상이 있습니다. 그 색상으로 주제색을 사용하게 됩니다. 색이 상징하는 의미와 전달하고자 하는 브랜드의 이미지를 고려하여 주제색을 선택하는 것이 좋습니다.

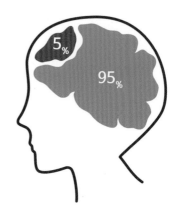

빨강

- 긍정적 의미 : 대담함, 관능적, 활력, 에너지, 열정, 따뜻함, 사랑
- 강렬한 감정을 불러일으키기 때문에 주의를 끌거나 강조하고 싶을 때 사용

주황

- 긍정적 의미 : 온화함, 따뜻함, 인자함, 활동적, 균형적
- 에너지를 상징하고, 시각을 자극해 기분을 고조시키는 효과

노랑

- 긍정적 의미 : 희망, 낙천적, 행복, 즐거움, 생동감
- 활기차고 즐거움이 느껴지는 컬러, 두뇌 활동을 자극해서 기분 Up 효과

초록

- 긍정적 의미 : 건강, 자연, 젊음, 생명, 신선함, 활력, 보안성
- 건강한 느낌을 주며 상쾌함, 자연의 이미지를 표현하기 좋은 컬러

파랑

- 긍정적 의미 : 신뢰감, 성공, 충성심, 안전, 첨단, 젊음, 강인함, 보수적
- 신뢰와 성공 등 미래지향적인 이미지를 가진 비즈니스 컬러

보라

- 긍정적 의미 : 신비로움, 고상함, 섬세함, 매력적, 낭만, 환상, 우아함
- 왕족에서 많이 사용하는 컬러, 아이들이 좋아하는 캐릭터, 여성을 사로잡는 컬러

분홍

- 긍정적 의미 : 낭만, 열정, 사랑, 환희, 발랄함, 쾌활함, 감성적, 따뜻함
- 심리적인 안정감을 주고 사랑스러운 감수성을 자극시키기에 좋은 색상, 여심을 사로잡는 컬러

흰색

- 긍정적 의미 : 깨끗함, 순수, 평화, 결백, 청렴, 고요
- 심플한 느낌을 주며 검정과 함께 가장 질리지 않는 컬러이므로 기본 컬러로 많이 사용됨
- 단, 색소가 없기 때문에 저렴하다는 느낌을 줄 수 있음

검정

- 긍정적 의미 : 세련, 우주, 신비, 힘, 당당함, 위엄, 권위, 압도
- 세련됨, 고급스러움의 상징, 프로페셔널한 이미지를 주는 대표적인 색
- 빨간색과 더불어 섹시한 색으로 꼽힘(예술업계 종사자 선호)

회색

- 긍정적 의미 : 지성, 미래지향적, 도회적, 황혼, 평온, 겸손, 창조
- 지적인 느낌, 진부한 느낌, 도시적인 이미지
- 눈에 띄지 않아 지루하고 재미없는 컬러이지만, 다른 색과 조합하면 세련된 색으로 변하는 매력

당신의
이야기를
들려주세요

당신만을 위한 한 잔의 커피

알고 갑시다! 색상 조합하기

주제 색상을 정하면 보조 색상을 정해야 합니다. 회색은 어느 색상과도 조화를 이루는 장점을 가지고 있기 때문에 보조 색상으로 추천할 만한 색상입니다. 보조 색상을 고르기 어렵다면 참고 사이트를 이용하는 방법이 있습니다.

① coolors 사이트(https://coolors.co)에 접속한 후 상단에서 [Generate] 메뉴를 클릭합니다.

② 사용자 이름, 이메일 주소, 비밀번호를 입력하여 회원가입을 합니다.

③ 처음 화면에는 임의의 색상 5개 조합이 보이며, Spacebar 를 누르면 랜덤으로 색상이 바뀝니다. #으로 시작하는 6자리 색상 코드를 클릭하면 원하는 색상 코드로 입력할 수 있습니다(색상 코드는 포토샵 Color Picker에서 확인할 수 있습니다).

④ 6자리의 색상 코드를 입력하고 Lock(자물쇠 모양) 버튼을 눌러 잠급니다. 잠근 색상은 변경되지 않습니다.

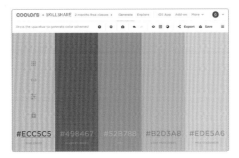

⑤ Spacebar 를 눌러 원하는 색상 조합을 찾습니다. 원하는 색을 찾았다면 색상 코드를 복사해서 사용합니다.

03 SECTION 텍스트 노하우

로고를 제작하고 주제 컬러를 선택하는 것도 중요하지만, 정보를 잘 전달하기 위해서는 폰트의 선택
도 매우 중요합니다. 폰트를 선택할 때에 가장 중요한 것은 가독성입니다. 가독성을 높이면서 콘셉
트와 어울리는 폰트를 선택해야 합니다. 폰트를 사용할 때에 라이선스 또한 꼼꼼히 확인해야 합니다.

상업적으로 사용 가능한 폰트 확인하기

✳️ 고딕체 계열 폰트(깔끔/신뢰/가독성)

나눔고딕	나눔바른고딕	나눔스퀘어
나눔고딕	나눔바른고딕	나눔스퀘어
나눔고딕	**나눔바른고딕**	**나눔스퀘어**
나눔고딕	**나눔바른고딕**	**나눔스퀘어**

스포카 한 산스
스포카 한 산스
스포카 한 산스　　제주고딕
스포카 한 산스

✳ 명조체 계열 폰트(깔끔/감성)

나눔명조
나눔명조　제주명조
나눔명조

디자인하우스
디자인하우스

✳ 기타 개성 폰트 ①(부드러운/귀여운)

나눔스퀘어라운드　나눔바른펜
나눔스퀘어라운드　**나눔바른펜**
나눔스퀘어라운드
나눔스퀘어라운드

빙그레　빙그레따옴

빙그레Ⅱ
빙그레Ⅱ

여기어때 잘난서체

야놀자 야체
야놀자 야체

알고 갑시다! 상업용 무료 폰트를 볼 수 있는 참고 사이트

눈누(https://noonnu.cc)
상업적 이용 가능 폰트와 조건부 상업적 이용 폰트가 있으므로 반드시
사용 범위를 확인해야 합니다. 상업적 이용 가능이라고 하더라도 로고
에는 사용할 수 없는 경우도 있으므로 반드시 꼼꼼하게 확인하고 사
용해야 합니다.

※ 기타 개성 폰트 ②(재미있는/강렬한)

고도마음체　미생체　스웨거체　국대떡볶이
국대떡볶이

티몬 몬소리

배달의민족 도현　배달의민족 한나는 열한살

배달의민족 한나 Air　배달의민족 한나 Pro

배달의민족 한나 Air　배달의민족 기랑해랑

배달의민족 연성

나눔 손글씨 펜　나눔 손글씨 붓　제주한라산

콘셉트와 맞는 폰트 사용하기

※ 표현하고자 하는 느낌에 맞는 폰트를 선택하는 방법

• 신뢰, 성공, 믿음, 비즈니스 등을 표현할 때에는 고딕 계열의 깔끔한 폰트를 사용하는 것이 좋습니다(예 : 나눔바른고딕B, 스포카 한 산스B, 제주고딕B).

• 감성, 스토리 등을 표현할 때에는 명조 계열의 깔끔한 폰트를 사용하는 것이 좋습니다(예 : 나눔명조, 제주명조).

• 개성있는, 귀여움 등을 표현할 때에는 동글동글하거나 부드러운 폰트를 사용하는 것이 좋습니다(예 : 나눔스퀘어라운드, 나눔바른펜, 여기어때 잘난체, 야놀자 야체).

❊ 카테고리와 어울리는 폰트를 선택하는 방법

IT, 교육, 가전 등의 카테고리에는 무거운 느낌을 주기 위해 굵은 폰트를 사용하되 깔끔한 느낌의 고딕체, 명조체를 사용하는 것이 좋습니다(예 : 나눔바른고딕B, 스포츠카 한 산스B, 제주고딕B, 티몬 몬소리, 나눔스퀘어B).

▲ 제주고딕B

▲ 스포카 한 산스B

▲ 티몬 몬소리

▲ 나눔 스퀘어B

뷰티, 미용 등의 카테고리에는 상대적으로 심미적 디자인을 강조하기 위해 얇고 장평이 좁은 폰트를
사용하는 것이 좋습니다(예 : 나눔바른고딕L, 디자인하우스, 빙그레따옴, 나눔바른펜L).

▲ 나눔바른펜L

▲ 빙그레따옴

▲ 나눔 바른고딕L

▲ 디자인하우스

유아동, 식품 등의 카테고리는 신뢰와 친근감을 동시에 표현해야 합니다. 그러기 위해서는 무게감이 느껴지면서 부드러운 폰트를 사용하는 것이 좋습니다(예 : 나눔스퀘어라운드B, 여기어때 잘난체, 빙그레2).

▲ 빙그레2

▲ 나눔스퀘어라운드B

▲ 여기어때 잘난체

취미, 애완 등의 카테고리에는 친근감을 표현하기 위해 특정 폰트로 제한하기보다는 배경 이미지를 고려해 다양한 폰트를 활용하는 것이 좋습니다.

✳ 영역에 따라 폰트를 선택하는 방법

메인 타이틀은 전달하고자 하는 정보를 함축적으로 표현해야 합니다. 따라서 고객의 시선을 집중시키고 흥미를 유발할 수 있어야 합니다. 이 영역에서는 굵은 폰트 중심으로 사용하는 것이 좋습니다.

▲ 나눔스퀘어

▲ 배달의민족주아

▲ 티몬 몬소리

▲ 야놀자 야체

▲ 국대떡볶이

▲ 스웨거

서브 타이틀은 메인 타이틀을 보조하는 내용입니다. 메인 타이틀과 구분되는 폰트를 사용하되 꾸며 주는 역할을 할 수 있도록 개성있는 폰트를 사용하는 것이 좋습니다.

▲ 빙그레2

▲ 디자인하우스

▲ 나눔손글씨 펜

▲ 산돌미생

▲ 배달의민족연성

▲ 제주명조

본문 내용의 핵심은 가독성입니다. 구체적인 내용을 전달해야 하므로 디자인적인 측면보다는 가독성에 중점을 두어 고객이 읽기 쉽게 해주는 것이 좋습니다. 이 영역에서는 되도록 개성이 강한 폰트는 자제하고 고딕체나 명조체 중심의 폰트를 사용하는 것이 좋습니다.

▲ 나눔고딕R

▲ 나눔스퀘어R

▲ 나눔바른고딕R

▲ 스포카한산스R

해외여행 시 구매할 수 있는 한도가 있다는 거
알고 계셨나요?

1인당 미화 3000달러(약 340만원) 이상
구입하면 안됩니다.

▲ 제주명조R

해외여행 시 구매할 수 있는 한도가 있다는 거
알고 계셨나요?

1인당 미화 3000달러(약 340만원) 이상
구입하면 안됩니다.

▲ 나눔명조R

가독성을 높이는 노하우

"제목은 텍스트를 더 읽기 쉽게 한다"

작은 폰트는 집중하여 글을 보게 하고, 큰 폰트는 탐색하는 역할을 합니다. 일반적으로 사람들은 관심 있는 키워드가 있을 때만 부제(내용)를 확인한다는 점을 고려하여 내용을 작성합니다.

친환경 단열벽지로 습기찬 벽과 곰팡이, 겨울철난방비 한번에 해결하세요!

1. 실내에서 외부로 방출되는 열손실과 외부의 냉기 유입 방지.난방비 절감효과!
   결로방지로 곰팡이 억제 효과와 습기 방지 효과가 있습니다.

2. 알루미늄 증착필름은 내부와 외부의 공기 유입을 막아주고 방수효과가 있어 곰팡이와 결로번식을 억제합니다.
   표면에는 FIEXIBLE EMBOSSING 기법으로 촘촘하고 부드러운 촉감을 느끼실 수 있습니다.

3. 뜨거운 외부열의 실내유입을 효과적으로 차단. 냉방비용 절감효과!

4. 값 비싼 시공하실 필요 없이 간단하게 셀프시공이 가능합니다. 점착시트지를 사용하여 집안 어디든 쉽게 시공하실 수
   있습니다. 도배풀, 접착제 없이 단열벽지의 비닐만 제거하고 붙이면 시공 끝!

겨울은 따뜻하게!
5mm의 도톰한 고밀도 가교폼

실내에서 외부로 방출되는 열손실과 외부의
냉기 유입 방지.
난방비 절감효과!
결로방지로 곰팡이 억제 효과와 습기 방지 효과가
있습니다.

여름은 시원하게!
5mm의 도톰한 고밀도 가교폼

뜨거운 외부열의 실내유입을 효과적으로 차단.
냉방비용 절감효과!

곰팡이/결로/습기방지
알루미늄 증착필름으로 문제 해결

알루미늄 증착필름은 내부와 외부의
공기 유입을 막아주고 방수효과가 있어 곰팡이와
결로번식을 억제합니다.
표면에는 FIEXIBLE EMBOSSING 기법으로 촘촘하고
부드러운 촉감을 느끼실 수 있습니다.

간단한 셀프 시공!
점착시트지로 마감해 쉽고 간단하게

값 비싼 시공하실 필요 없이 간단하게 셀프시공이
가능합니다. 점착시트지를 사용하여 집안 어디든 쉽게
시공하실 수 있습니다.
도배풀, 접착제 없이 단열벽지의 비닐만 제거하고
붙이면 시공 끝!

적당한 여백은 글의 가독성을 향상시킵니다. 글 사이의 간격을 너무 붙여서 쓰면 답답한 느낌과 더불어 글의 내용을 파악하기 힘들어집니다. 폰트 크기의 150~200% 크기로 글의 간격을 조정하는 것이 좋습니다. 고객이 글을 읽을 때에 꼭 전체를 보지 않더라도 대략적인 내용을 파악할 수 있고, 빠뜨리지 않아야 하는 중요한 내용은 포인트를 넣어 표현하는 것이 좋습니다.

"폰트의 굵기/색상/배경색 이용해 내용을 강조"

1. 새집증후군 방지, 포로말레이터 방지. 시멘트독 방지. 아토피방지
2. 실내벽면 단열, 방습으로 결로, 곰팡이 예방에 우수한 국내 최고의 단열재
3. 열반사기능으로 여름은 시원하고 겨울은 따뜻하게하여 냉/난방비의 절감효과
4. 얇은 두께로 시공을 하여 넓은 주거공간 확보
5. 열반사단열재 2mm두께로 스티로폼 30mm-50mm단열효과
6. 냉기/열기/외풍 차단효과가 매우 우수한 단열재
7. 3mm부직포재질이 습기를 흡수하여 방습, 곰팡이 문제 해결 및 단열효과가 우수
8. 연질의 롤타입으로 모서리, 기둥과 같이 꺽인 부분이나 휘어진 부분도 시공가능
9. 재단이 쉽고 시공이 간편(가위, 칼로도 절단 용이하여, 가로세로 10cm씩 절단선이 있음)
10. 방습, 단열, 흡음의 3가지 공정을 한꺼번에 처리하여 단열성능의 극대화
11. 개인이 직접 시공할 수 있는 간단한 시공방식

1. **새집증후군 방지, 포로말레이터 방지, 시멘트독 방지, 아토피방지**
2. 실내벽면 단열, 방습으로 결로, 곰팡이 예방에 우수한 국내 최고의 단열재
3. 열반사기능으로 여름은 시원하고 겨울은 따뜻하게하여 **냉/난방비의 절감효과**
4. 얇은 두께로 시공을 하여 넓은 주거공간 확보
5. 열반사단열재 2mm두께로 **스티로폴 30mm~50mm단열효과**
6. **냉기/열기/외풍 차단효과**가 매우 우수한 단열재
7. 3mm부직포재질이 습기를 흡수하여 방습, 곰팡이 문제 해결 및 단열효과가 우수
8. 연질의 롤타입으로 모서리, 기둥과 같이 꺽인 부분이나 휘어진 부분도 시공가능
9. 재단이 쉽고 시공이 간편(가위, 칼로도 절단 용이하여, 가로세로 10cm씩 절단선이 있음)
10. 방습, 단열, 흡음의 3가지 공정을 한꺼번에 처리하여 **단열성능의 극대화**
11. 개인이 직접 시공할 수 있는 간단한 시공방식

"구체적인 대상을 지정해 이야기하자"

사람들은 '누구나'보다는 '나'에 대한 공감이 쉽습니다. 모든 사람을 대상으로 이야기하는 것보다 구체적인 대상을 지목하여 이야기하면 더 많은 공감을 얻을 수 있습니다.

"영어/숫자를 이용한 표현으로 시선을 끌자"

우리가 일상적으로 사용하는 언어는 한글입니다. 익숙한 언어 사이에 영어나 숫자를 사용한다면 시선을 끌기 좋습니다.

"제한은 사람을 움직이게 만든다"

판매하고자 하는 상품의 수량 또는 판매 기간에 제한을 두어 고객의 마음을 움직이게 하는 것도 좋은 방법 중에 하나입니다. 가격 할인은 한정 요법과 함께 사용하면 훨씬 효과적입니다.

04 SECTION 사진 선택하기

이미지는 카드뉴스, 홍보 배너, 포스터, 상세페이지 등을 제작할 때에 배경으로 많이 활용됩니다. 콘텐츠의 넓은 부분을 차지하기 때문에 전체적인 분위기를 결정하는 중요한 요소라고 할 수 있습니다. 어떤 이미지를 선택하느냐에 따라 고급스러운 완성물이 될 수도 있고, 디자인이 다소 부족해 보이거나 촌스러워 보일 수도 있습니다. 하지만 저작권 때문에 이미지를 함부로 사용할 수 없습니다. 실제로 이미지 무단 도용으로 적게는 수십만 원에서 수천만 원까지 배상하는 사례를 보았습니다. 이미지는 직접 촬영한 사진을 사용하거나 반드시 상업용 무료 이미지를 사용해야 합니다. 또한 저해상도의 이미지는 고객의 구매 결정을 방해하는 요소로 적용될 수 있으므로 반드시 고해상도의 깨끗한 이미지를 사용하는 것이 좋습니다.

배경 이미지 선택하기

카드뉴스의 내용과 연관성이 높은 이미지를 사용해야 고객으로 하여금 몰입도를 높일 수 있습니다. 단적인 예로 화장품과 관련된 정보를 전달할 때에는 어두운 이미지보다는 배경이 밝고 화사한 이미지를 선택하는 것이 좋습니다.

상품 사진 선택하기

상품의 홍보 및 판매를 목적으로 하는 경우 가급적이면 직접 촬영한 상품 사진을 사용하는 것이 좋습니다. 만약 직접 촬영이 어려울 경우 생산, 공급업체의 상품 사진을 사용하되 반드시 공급업체를 통해 사용 가능 여부를 반드시 확인해야 합니다. 직접 촬영하는 경우 몇 가지 주의사항을 염두에 두고 촬영합니다.

조명 사용은 필수, 제품이 전체적으로 잘 보일 수 있도록 충분한 빛을 사용하여 촬영합니다.

과장은 금물입니다. 상품의 사진은 '좋아보이게', '예쁘게' 촬영하여 고객으로 하여금 구매욕을 자극
시켜야 하지만, 과도한 과장은 오히려 고객의 실망을 불러일으킬 뿐입니다. 실물과 가장 흡사하게
촬영하되, 흠집이나 먼지가 없는지 살펴보고 깔끔하게 촬영하는 것이 좋습니다.

정확한 제품 표현은 필수입니다. 이미지를 보고 한 번에 어떤 상품인지 파악할 수 있도록 촬영합니다.

생활 속의 연출 이미지를 사용하여 고객으로 하여금 구매욕을 유도할 수 있도록 합니다.

무료 이미지 사이트

✳ 픽사베이

픽사베이(https://pixabay.com/ko) 사이트에
접속합니다.

검색창에 원하는 키워드를 검색합니다. 키워드를 입력할 때에는 한글 입력도 가능하지만, 영어로 입력하는 것이 보다 정확한 검색 결과를 얻을 수 있습니다.

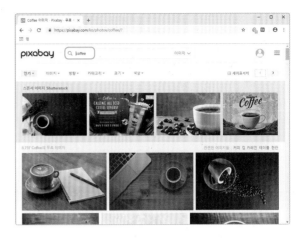

원하는 이미지를 클릭한 후 오른쪽에 [무료 다운로드] 버튼을 클릭하면 이미지의 사이즈를 선택하여 다운받을 수 있습니다. 무료 회원가입을 하면 보다 편리하게 이미지를 다운받을 수 있습니다.

그 외 무료 이미지 사이트

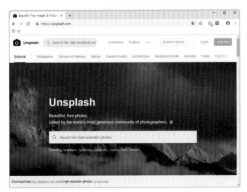

▲ unsplash.com

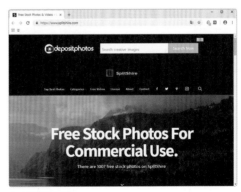

▲ splitshire.com

▲ lifeofpix.com

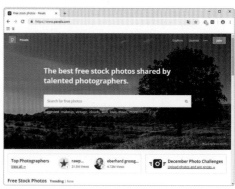

▲ pexels.com

▲ freedigitalphotos.net

▲ littlevisuals.co

▲ gratisography.com

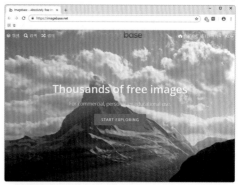

▲ imagebase.net

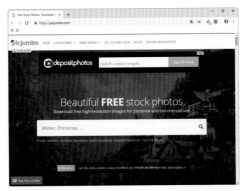

▲ picjumbo.com

무료 아이콘 및 벡터 이미지 사이트

▲ flaticon.com

▲ freepik.com

▲ iconfinder.com

▲ thenounproject.com

영역별 레이아웃 구성 노하우

카드뉴스

카드뉴스의 기본 구성은 표지, 본문, 마지막 장으로 나누어 볼 수 있습니다. 표지와 마지막 장은 1장으로 구성하며, 본문은 카드뉴스의 주제에 따라 2~20장으로 구성합니다.

▲ 표지

▲ 본문

▲ 마지막 장

표지는 카드뉴스에서 매우 중요한 영역입니다. 짧은 시간에 시선을 끌어야 하는 카드뉴스 역할의 핵심 영역이라고 할 수 있습니다. 카드뉴스의 주제를 표현하는 메인 타이틀, 서브 타이틀, 배경 이미지 등으로 구성하며 약간의 디자인 요소를 반영하여 깔끔하게 표현하는 것이 좋습니다.

본문은 배경 이미지와 내용으로 간결하게 구성하며, 내용에는 카드뉴스의 종류에 따라 제목과 내용을 구분하는 형태를 갖습니다. 마지막 장은 카드뉴스의 마무리 단계로써 최종적으로 홍보할 내용이나 브랜드의 이미지를 이용하여 디자인하며 배경 이미지, 홍보문구, 디자인 요소를 적절히 배치하여 구성합니다.

상세페이지

상품 상세페이지의 레이아웃은 통일성과 일관성 속에서 변화와 리듬을 추구하게 구성합니다. 명료성, 효율성, 연속성, 리듬을 포함하여 레이아웃을 구성하는 것이 좋습니다. 또한 시선의 흐름을 고려하여 화면 구성을 나누는 것이 좋습니다. 일반적으로 사람들은 가장 먼저 본 것을 클릭하게 됩니다. 따라서 여러 상품을 배치할 때에는 메인이 되는 주력상품일수록 왼쪽 상단에 배치하는 것이 효과적입니다.

▲ 좌측 상단 배치형 예시

상품의 사진을 배치할 때에는 같은 크기의 사진을 바둑판 형식으로 배치하는 것보다 크기의 변화를 주어 큰 이미지를 배치하는 것이 좋습니다. 배치한 이미지의 사이즈가 클수록 주목도가 높아지며 시선이 시작될 확률이 높고 집중도가 높습니다.

큰 이미지는 오른쪽 상단에 배치하는 것보다 왼쪽 상단에 배치하는 것이 시선 흐름이 자연스러워 소비자의 선호도가 높아집니다. 큰 이미지를 배치하면 작은 이미지에 대한 집중도가 사라지는 것이 아닙니다. 큰 이미지로 인해 주변에 배치된 작은 이미지까지 집중도가 함께 높아지는 근접효과가 발생합니다.

▲ bad

▲ good

상품의 사진과 텍스트를 혼합하여 배치할 경우 사진의 위치를 어떻게 설정하느냐에 따라 시선의 흐름은 달라질 수 있습니다. 일반적으로 좌뇌는 글자, 음절, 단어 하나하나를 순차적으로 해독하고, 우뇌는 어떤 상황을 종합적으로 보고 그것이 의미하는 바를 이해한다고 알려져 있습니다. 이때 오른쪽 시선으로 보는 것은 좌뇌에 전달되고, 왼쪽 시선으로 보는 것은 우뇌에 전달됩니다. 따라서 큰 움직임을 파악하고 종합적으로 보고 이해가 필요한 이미지는 왼쪽으로 배치하고, 순차적인 해독이 필요한 텍스트는 오른쪽으로 배치하는 것이 소비자로 하여금 편안한 시선으로 바라보고 이해할 수 있게 합니다.

06 SECTION 주제별 구성 노하우

카드뉴스

카드뉴스에서 가장 중요하다고 볼 수 있는 것은 궁금증을 유발시키는 것입니다. 이것은 카드뉴스의 종류와 분야 관계없이 공통 사항이라고 볼 수 있습니다. 하지만, 카테고리별로 접근하는 방식과 중점을 둬야 할 곳은 달라질 수 있습니다.

교육의 경우 배우고자 하는 욕구도 있지만 빠르게 트렌드를 파악하고 같은 내용을 습득하더라도 포인트를 짚어 효율적으로 익힐 방법이 핵심입니다. 배경 이미지보다는 전달하고자 하는 내용에 신뢰를 줄 수 있는 깔끔한 형태의 글꼴과 색상을 사용하는 것이 좋습니다. 검정 계열을 사용하면 무게감을 표현할 수 있고, 파랑 계열을 사용하면 신뢰와 미래지향적인 이미지를 표현할 수 있습니다. 배경 이미지를 사용하더라도 흐림 효과나 반투명 효과 등을 이용하여 자연스럽고 눈에 띄지 않게 처리하고 폰트에 시선이 갈 수 있도록 제작하는 것이 좋습니다.

가전제품 역시 신뢰를 기반으로 하지만 기능에 중점을 두는 것이 좋습니다. 가전제품 역시 유행에 따라 소비자들이 관심을 갖는 모델이 달라집니다. 유행에 따라 많은 사람들이 사용하고 있는 가전제품이라면 고객의 이목을 끌 수 있는 특장점을 부각시키는 것이 좋습니다. 제조사에 따른 비교나 올바른 사용법에 대한 내용을 간결하게 표현합니다. 그리고 질문의 형태로 전개하는 것도 좋은 방법 중에 하나입니다.

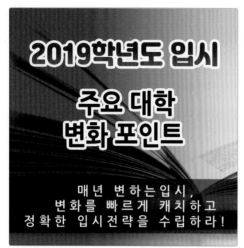

▲ 교육

▲ 가전

이미용 제품이나 뷰티 관련 제품은 심미적인 부분을 배제할 수 없습니다. 카테고리의 특성을 잘 이해하고 이를 카드뉴스에 잘 녹여서 표현해야 할 것입니다. 유행어를 사용하는 것도 관심을 끌 수 있는 좋은 방법 중에 하나입니다. 특히 뷰티는 남성보다는 여성이 주 고객층이 되기 때문에 날씬하고 아기자기한 글꼴을 사용하고 화사한 컬러를 사용하는 것이 좋습니다. 또 방법을 제시하더라도 제한이나 숫자 요법을 이용하여 흥미를 유도합니다.

▲ 뷰티

▲ 취미

유아동 카테고리의 경우 교육이나 가전제품처럼 신뢰를 기반으로 하지만, 분위기는 정반대라고 볼 수 있습니다. 신뢰를 기반으로 하더라도 '아기', '유아' 등의 단어에서 오는 느낌을 살려주는 것이 좋습니다. 제품을 판매하고자 하는 카드뉴스를 제작하더라도 가장 중요한 것은 '내 아이에게', '엄마가' 라는 것을 꼭 기억해야 합니다. 아이를 키우면서 필요한 정보를 제공하더라도 먼저 경험한 선배 '엄마가' 조언해주는 방식으로 풀어가는 것도 좋습니다. 아이에게 좋은 제품을 소개한다면, '왜 좋은가?' 라는 것에 객관적인 데이터를 제공하여 신뢰를 얻게 해야 할 것입니다.

카드뉴스를 제작할 때에는 밝고 아기자기한 색상을 기본으로 선택하고 폰트 또한 굵고 단단해 보이지만 귀여운 느낌이 가미된 것을 선택하는 것이 좋습니다. 아기사진이나 행복해 보이는 가족사진은 고객의 마음을 움직이는데 좋은 영향을 끼칠 것입니다.

▲ 유아동

마지막으로 취미나 여행에 관련된 카드뉴스를 제작한다면 일정 틀에 박혀있는 유형보다는 자유로운 표현 방식이 좋습니다. 역동적인 사진, 귀여운 아이콘, 재미있는 웹툰 등을 다양하게 활용하여 내용을 전달합니다.

상세페이지(이미지 출처 : 이펙터 http://www.effector.co.kr)

✳ 식품

"판매자의 신뢰가 핵심"

상품의 신선함/위생/안전성, 배송 상태 등의 내용을 강조하여 제작하며, 특장점을 기술화한 인증서와 신뢰도 영역이 핵심이 됩니다.

브랜드 스토리

브랜드의 차별성을 보여주는 영역으로 시연사진을 메인에 배치하여 구매욕을 자극할 수 있도록 하며, 브랜딩을 위한 로고를 넣는 것이 좋습니다.

특장점

제품에 사용되는 재료와 생산 공정을 보여주는 것은 고객으로 하여금 믿을 수 있고 신뢰할 수 있도록 도와줍니다. 이 영역은 식품 상세페이지에서 반드시 넣어야 할 부분입니다.

조리 방법

조리 방법과 다양한 활용 방법은 구매욕을 자극시키는 요소로 작용할 수 있습니다.

인증서

인증서를 넣어 판매자의 신뢰도를 상승시켰습니다. 열 가지의 장점을 나열하는 것보다 객관적인 데이터를 보여 주는 것이 믿음을 주는 데에 더욱 효과적인 방법입니다. 인증서나 시험 성적서 등과 같은 자료가 없다면 고객 후기를 넣어 이 영역을 채워줄 수 있습니다.

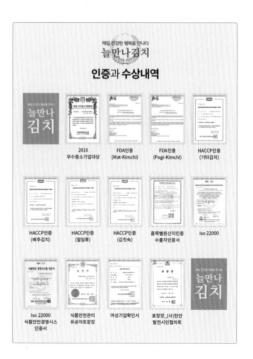

배송 안내

포장 방법 및 배송 시스템에 대한 안내는 식품을 구매하는 고객으로 하여금 안심하고 주문할 수 있도록 도와줍니다.

✲ 가전

"기능과 디자인"

꼼꼼하게 제품 사양을 기술합니다. 가전제품은 브랜드 선호도가 있으므로 브랜드 소개 페이지와 한눈에 알아볼 수 있는 기능 기술이 핵심입니다.

브랜드 스토리

브랜드 소개와 더불어 상품의 간략한 설명 문구를 넣어 브랜드의 이미지를 보여주는 것이 좋습니다.

특장점

상품의 특징을 한 눈에 알아볼 수 있도록 아이콘을 배치해 표현하고 해시태그를 이용해 간결하면서도 이목을 끌 수 있도록 구성합니다.

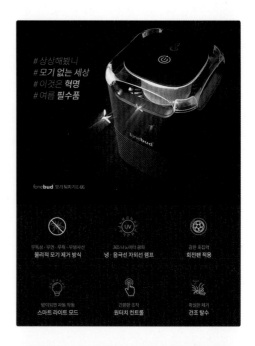

기능설명

제품의 특징과 기능을 보기 쉽게 설명하여 고객이 구매 전에 고려해야 할 사항을 상세하게 알 수 있도록 하는 것이 좋습니다.

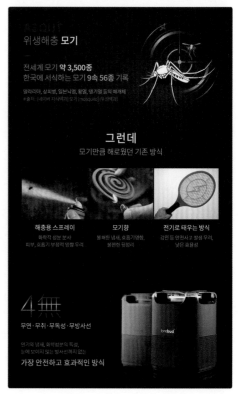

상세설명

실제 설치하여 사용하는 사진을 배치하여 인테리어 효과가 있음을 보여주고, 효과를 높이는 Tip, 제품 사양표 등을 정리하여 작성하면 구매 결정을 도울 수 있습니다.

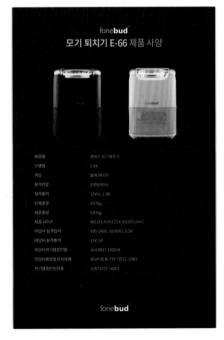

✳ 공산품

"제품 구성과 가격"

일반적으로 공산품은 반복 구매 성향이 짙습니다. 이미 알고 있는 상품의 각종 할인 혜택, 상품의 구성, 신속한 배송 등의 조건으로 구매하는 경우가 많으므로 제품의 구성과 가격에 대해 강조를 하는 것이 좋습니다.

이벤트

상세페이지의 상단에는 가장 강조해야 할 내용을 배치하게 됩니다. '브랜드 스토리' 보다 '이벤트' 영역을 우선 배치해 혜택에 대한 내용을 강조했습니다.

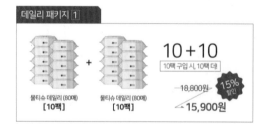

브랜드 스토리

공산품도 이제는 성분과 소재에 대한 관심이 높습니다. 타 브랜드와는 다르다는 인식을 심어주기 위해 차별화된 브랜드 이미지를 표현하였습니다.

상세설명

제품에 대한 특징과 성분, 소재에 대한 부분을 명시하면서 브랜드가 추구하는 '건강한 살림'의 느낌을 연결시켜 자연스러우면서 편안하게 표현하였습니다.

한 손을 가득 덮는
크고 넓은 사이즈로
한 장으로도 남김없이
말끔하게 닦아낼 수 있고

쉽게 찢어지지 않는
도톰한 두께와
부드럽고 촉촉한 수분감을 지닌
폭신한 엠보싱 원단은

자극없이 순하게
여린 피부를 보호하고

올제 프리미엄은

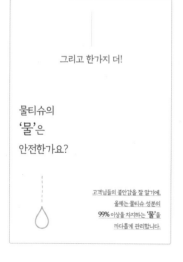

그리고 한가지 더!

물티슈의
'물'은
안전한가요?

고객님들의 불안감을 잘 알기에,
올제는 물티슈 성분의
99% 이상을 차지하는 '물'을
까다롭게 관리합니다.

안심하고 사용하는
안전한 물티슈를 위해

0.0001μm의 작은 물질도 제거하는 역삼투압 필터로 정수한
마실 수 있는 물을 사용하고

피부 진정에 도움을 주는
올제의 그린 엑스트라 포뮬러

무엇보다 좋은 건

올제 프리미엄은
그린 등급의 안전한 성분만을 사용해
쓰면 쓸 수록 안심할 수 있답니다.

제품 특징 및 인증서

특징을 한 눈에 알아볼 수 있도록 아이콘 형태로 간결하게 표현하고 신뢰도를 상승시킬 수 있도록
각종 시험 성적서와 인증서를 첨부하였습니다.

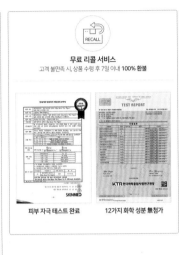

라인업

제품 구매에 혼동이 생기지 않도록 라인업을 구성했습니다. 이 부
분은 반드시 필요한 영역은 아니지만 제품군의 비교를 추가한다면
고객이 쉽게 쇼핑할 수 있도록 도와줄 수 있습니다.

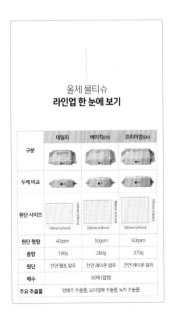

✳ 유아용품

"판매자의 신뢰가 필수"

상품의 제작 환경 및 공감대를 형성할 수 있는 사진 배치가 중요합니다. 상품의 정확한 성분 표시는 물론, 각종 인증서나 시험 성적서를 활용하여 신뢰도를 상승시킬 수 있도록 구성합니다.

브랜드 스토리

브랜드 로고를 삽입하고 제품의 이미지를 표현할 수 있는 사진을 사용해 제품을 각인시키고 간단한 제품 설명을 통해 브랜드의 이미지를 표현했습니다.

상세설명

타 브랜드의 동일한 제품과 기본적인 기능은 물론 향상된 성능과 차별화된 특성에 대한 내용을 기재하면서 친근하고 따뜻한 분위기를 강조하는 이미지를 삽입해 공감을 불러일으키고 구매욕을 상승시킵니다.

01
WHY, SILION

자연에서 추출된 실리콘을 적용한 안전한 매트

연약한 아기 피부에 오랜 시간 닿아있는 매트
자연에서 유래된 재료로 만들어지면 더욱 안전합니다.

옳고 뽀득한 안전한 실리콘을 적용하여
안심하고 사용할 수 있어요.

02
WHY, SILION

미끄럼을 방지하는 논슬립 기능

실리콘은
마찰력 높은 실리콘 처리되어
논슬립(non-slip) 기능이 추가되어
바닥과 매트가 쉽게 밀리지 않습니다.

03
WHY, SILION

바닥과 매트 사이의 소음을 줄임

마찰력이 좋은 실리콘을 원단에 적용하여
알집매트 바닥과 매트 사이의 소음을 줄였어요.

실리콘 매트는 바닥과의 소음과 아기가 매트 위에서
편하게 놀 수 있어요.

04
WHY, SILION

이중코팅으로 내구성 향상

실리콘 뿌아싸기, 집별 등에 사용할 정도로
안전하고 내구성이 좋아요.

실리콘 매트에는 옳고 뽀득한 안심할 수 있는
안전한 실리콘이 적용되어 있어요.

자연의 색을 담는
알집매트 디자인 색채 연구소

색채는

그래서 알집매트,

ALZIP/mat

자연에서 뛰놀게 하고 싶은 엄마의 마음을 담은
내추럴 컬러 [실리온 듀오 라인]

실리온 듀오 · 스카이블루

실리온 듀오 · 코랄핑크

실리온 듀오 · 올리브그린

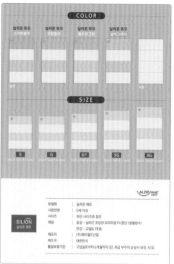

※ 화장품

"판매자의 신뢰가 필수"

상품의 제작 환경 및 공감대를 형성할 수 있는 사진 배치가 중요합니다. 상품의 정확한 성분 표시는 물론, 각종 인증서나 시험 성적서를 활용하여 신뢰도를 상승시킬 수 있도록 구성합니다.

브랜드 스토리

TV프로그램에 방영된 이미지를 삽입하여 고객의 호기심을 자극시키고 제품의 사진을 배치하여 간결하면서도 임팩트 있는 브랜드 이미지를 표현하였습니다.

특장점

제품의 이미지와 아이콘을 배치하여 한눈에 특징을
볼 수 있도록 하였습니다.

상세설명

검은 배경과 골드 톤의 폰트를 사용하여 고급스러운 이미지를 표현하고 자칫 지루해질 수 있는 상세
설명을 배경색의 변화를 주어 리듬감 있고 몰입감 있게 표현했습니다.

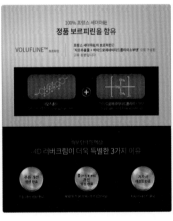

인증서

임상실험 결과를 통해 제품의 기능에 대한 신뢰성을 향상시키고 인증서와 테스트 결과를 첨부하여
믿을 수 있는 제품임을 입증시킬 수 있도록 하였습니다.

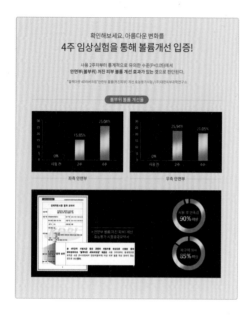

성분

제품의 성분에 대한 특징을 설명하여 구매욕을 자극하고 사용방법 및 전성분을 공개해 고객의 신뢰도를 향상시켰습니다.

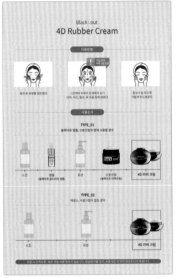

실전에 들어가기 전에 카드뉴스 및

상세페이지 제작에 필요한 포토샵의

필수 기능을 익혀야 합니다.

PART

디자인을 위한 포토샵 필수 기능 익히기

01 SECTION 인터페이스 한 눈에 쏘옥

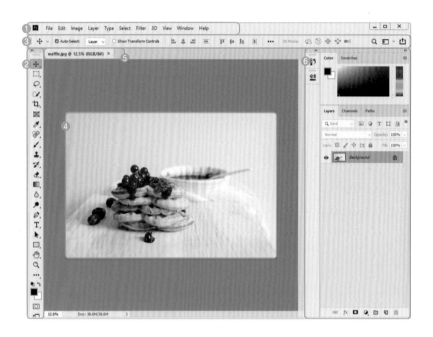

❶ **메뉴 바** 포토샵의 비슷한 기능별로 모아둔 메뉴입니다.

❷ **도구 상자** 이동/선택/자르기 등 다양한 동작을 실행할 수 있는 도구가 모여 있습니다.

❸ **옵션 바** 각 도구의 옵션이 표시되는 영역이며, 도구를 선택했을 때 해당 도구의 옵션을 조정할 수 있습니다.

❹ **도큐먼트** 이미지 편집 작업창입니다.

❺ **파일 탭** 작업 파일의 이름, 파일 형식, 보기 배율, 컬러 모드가 표시됩니다.

❻ **패널** 이미지 편집 작업할 때에 필요한 다양한 기능을 바로 조정할 수 있도록 펼쳐두었으며 필요에 따라 꺼내 두거나 닫을 수 있습니다.

02 SECTION 각 툴별 간단 설명

⊹	Move Tool	V
🗅	Artboard Tool	V

레이어를 이동할 때 사용하는 도구

⊡	Crop Tool	C
▦	Perspective Crop Tool	C
✄	Slice Tool	C
✄	Slice Select Tool	C

[Crop Tool] 파일의 캔버스를 자르거나 늘릴 때 사용하는 도구
[Slice Tool] 화면을 분할할 때 사용하는 도구

T	Horizontal Type Tool	T
↓T	Vertical Type Tool	T
⫟T	Vertical Type Mask Tool	T
T	Horizontal Type Mask Tool	T

문자를 쓸 때 사용하는 도구

⣀	Rectangular Marquee Tool	M
◯	Elliptical Marquee Tool	M
⋯	Single Row Marquee Tool	
┆	Single Column Marquee Tool	

선택 영역을 지정할 때 사용하는 도구

⏚	Pen Tool	P
⏚	Freeform Pen Tool	P
⏚	Add Anchor Point Tool	
⏚	Delete Anchor Point Tool	
⎟	Convert Point Tool	

패스(Path)를 생성할 때 사용하는 도구
이미지를 배경에서 분리할 때 사용

▢	Rectangle Tool	U
▢	Rounded Rectangle Tool	U
◯	Ellipse Tool	U
◯	Polygon Tool	U
╱	Line Tool	U
✿	Custom Shape Tool	U

다양한 모양의 도형을 그릴 때 사용하는 도구

포토샵 환경 설정하기

✴ 포토샵 환경 설정하기

메뉴에서 [Edit]−[Preference]−[General]를
선택합니다(단축키 Ctrl + K).

✴ 포토샵 화면 색상 변경하기

왼쪽 환경설정 메뉴에서 [Interface]를 클릭
하고 Color Theme 속성에서 원하는 색상으
로 설정할 수 있습니다.

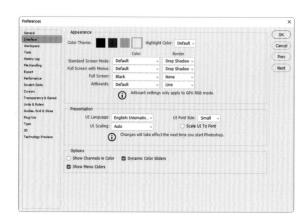

✳✳ 작업 내역 저장 개수 조정하기

왼쪽 환경설정 메뉴에서 [Performance]를 클릭하고 History States 항목에서 수치를 '200'으로 조정합니다. 입력한 수치만큼 작업 과정을 단계별로 기록합니다.

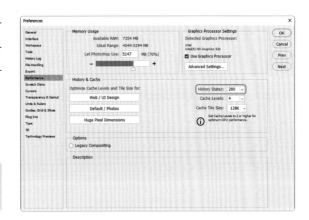

> **Tip** 포토샵에서 작업 도중 이전 단계로 실행 취소를 할 때 History States 수치만큼 가능합니다. 최대 1,000까지 높일 수 있으나 너무 큰 수치를 입력할 경우 작업 속도가 느려질 수 있습니다.

✳ 단위 설정하기

왼쪽 환경설정 메뉴에서 [Units & Rulers]를 클릭하고 Rulers의 단위를 Pixels로 설정합니다. Pixels은 웹용 설정입니다. 인쇄용 이미지를 작업할 경우 Rulers의 단위를 Centimeter로 설정합니다.

✳ 폰트 설정하기

왼쪽 환경설정 메뉴에서 [Type]을 클릭하고 Show font names in English 항목에 체크를 해제하면 포토샵에서 폰트 이름을 한글로 볼 수 있습니다. Enable Missing Protection 항목의 체크를 해제하면 한글 입력 시 폰트가 변경되는 것을 방지할 수 있습니다.

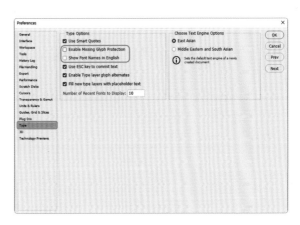

04 SECTION 파일 관리하기

새로만들기

포토샵에서 새로운 작업을 시작할 때 빈 도화지를 먼저 만들어야 합니다. 웹에 업로드할 이미지와 인쇄용 이미지의 설정을 확인하여 작업해야 최적화된 이미지를 만들 수 있습니다. 메뉴에서 [File]-[New]를 선택합니다(단축키 : Ctrl + N).

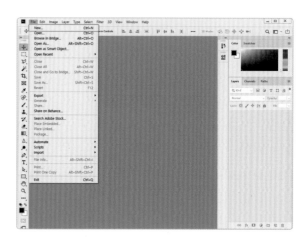

대화상자가 화면에 표시되면 [PRESET DETAILS] 옵션 값을 확인하여 설정합니다.

- 파일 이름 : 카드뉴스
- 단위 : Pixels
- 가로 사이즈 : 900
- 세로 사이즈 : 900
- 해상도 : 72 Pixels/Inch
- 색상 모드 : RGB Color

새로만들기 설정 저장

새로만들기 대화창에서 [PRESET DETAILS]−[SAVE DOCUMENT PRESET] 버튼을 클릭한 후 사이즈, 단위, 해상도, 색상 모드 등의 설정을 입력하세요.

설정의 이름을 입력한 후 [Save Preset] 버튼을 클릭하면 [Saved] 메뉴에서 저장된 항목을 확인할 수 있습니다. 자주 사용하는 옵션 값을 저장해두고 사용하면 편리합니다.

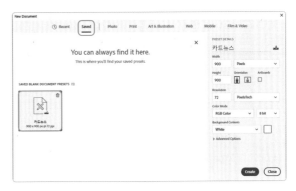

이미지 삽입하기

이미지를 삽입할 파일을 열어둔 상태에서
메뉴에서 [File]-[Place Embedded]를 선택
합니다. 대화창이 열리면 원하는 이미지 파
일을 선택한 후 [Place] 버튼을 클릭합니다.

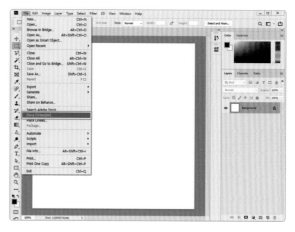

또는 '파일 탐색기'에서 원하는 이미지를 작
업 파일 위로 드래그&드롭 합니다.

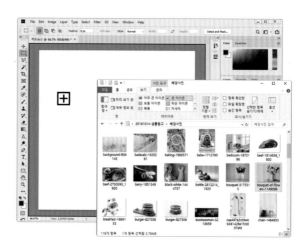

작업 파일 위에 X자 모양의 바운딩 박스가 표시된 이미지가 삽입됩니다. 이미지의 네 모서리에 조절점을 드래그하여 원하는 크기로 조정한 후 [Enter]를 누릅니다. 이때 [Alt]를 누른 채 조절점을 드래그하면 이미지의 중앙을 기준으로 사이즈를 조정할 수 있습니다.

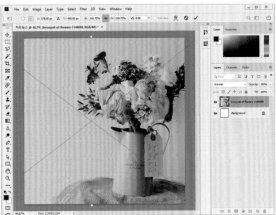

> **Tip** Adobe PhotoShop CC 2019 이전 버전을 사용할 경우 [Shift]를 누른 채 조절점을 드래그해야 이미지의 원본 비율대로 사이즈를 조정할 수 있습니다.

저장하기

✱ 포토샵 파일 저장하기

파일을 저장할 때에는 메뉴에서 [File]-[Save]를 선택합니다(단축키 : [Ctrl]+[S]).

대화창이 열리면 파일 이름을 입력하고 저장할 위치를 선택한 후 대화창 하단에 [저장] 버튼을 클릭합니다. 파일 형식은 반드시 Photoshop(*.PSD) 파일을 설정해야 합니다.

✴ 이미지 파일 저장하기

이미지 파일을 저장할 때에는 메뉴에서 [File]-[Save As]를 선택합니다(단축키 : Ctrl +Shift+S).

대화창이 열리면 파일 이름은 PSD와 동일하게 설정하고 파일 형식만 JPEG(*.JPG)로 변경한 후 대화창 하단에 [저장] 버튼을 클릭합니다.

[JPEG Options] 창에서 Quality는 '9' 이상으로 설정합니다. 옵션 값이 낮을수록 용량이 작아지는 장점이 있는 반면에 이미지의 품질이 저하될 수 있습니다.

웹용으로 저장하기

웹상에 업로드할 이미지는 주로 '웹용으로 저장하기'를 사용합니다. 웹용으로 저장하면 용량은 줄어들고 높은 품질을 유지하여 웹에 최적화된 이미지를 저장할 수 있습니다. 메뉴에서 [File]-[Export]-[Save for Web]을 선택합니다(단축키 : Alt + Shift + Ctrl + S).

대화창이 열리면 상단 탭에서 '2-Up'을 클릭하여 원본과 이미지의 품질을 동시에 비교할 수 있습니다.

대화창의 우측 옵션 값 중 이미지 형식은 'JPEG'를 선택하고 Quality는 '70' 이상 설정하면 이미지의 품질에는 큰 차이가 없지만 용량은 50% 이상 줄여서 저장할 수 있습니다. 단, Quality를 높여서 저장하는 것은 무관하지만 '60' 이하로 설정하지 않는 것이 좋습니다.

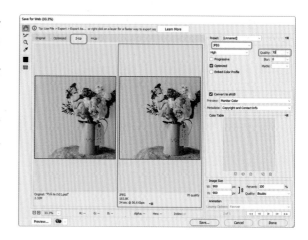

이미지 사이즈

이미지의 가로와 세로 사이즈를 확인하여 적정 사이즈로 조절하여 사용하는 것이 좋습니다. 이때 가급적이면 이미지의 사이즈는 작게 줄이는 것만 하는 것이 좋습니다. 우리가 컴퓨터에서 사용하는 이미지는 벡터(Vector) 방식과 래스터(Raster) 방식으로 나누어 볼 수 있는데, 포토샵에서는 래스터 방식을 사용하며 이는 비트맵 방식이라고도 합니다. 래스터 방식은 '픽셀(Pixel)'이라고 하는 색상 정보가 담긴 작은 점들이 모여 하나의 이미지를 완성하게 됩니다. 작은 점으로 이루어져 있기 때문에 원본 이미지의 사이즈보다 크게 조절하면 이미지가 흐릿하게 변하며 화질이 저하되는 것을 볼 수 있습니다.

이미지의 사이즈를 크게 변경하고 싶다면 처음부터 원본 이미지의 사이즈가 큰 것을 사용하는 것이 좋습니다. 이미지의 사이즈를 변경하기 위해 메뉴에서 [Image]-[Image Size]를 선택합니다(단축키 : [Alt]+[Ctrl]+[I]).

대화창이 열리면 현재 이미지의 사이즈를 확인할 수 있습니다. [Image Size] 대화상자 옵션에서 단위를 'Pixels'로 선택하고 Width 또는 Height 항목에 원하는 값을 입력한 후 [OK] 버튼을 클릭합니다. Width 또는 Height의 값 중에 한 곳만 입력하면 나머지는 원본 이미지의 비율에 맞춰 자동 조절됩니다.

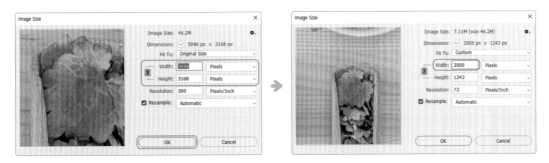

알고 갑시다! [Image Size] 대화상자

- Image Size : 이미지의 현재 용량
- Dimensions : 이미지의 현재 사이즈
- Width : 가로 사이즈
- Height : 세로 사이즈
- Resolution : 해상도
  ※ 웹용으로 이미지를 사용할 경우 단위를 'Pixels'로 지정하고, 해상도를 '72'로 입력한 다음 가로와 세로 사이즈를 입력해야 합니다.
  ※ 웹용 해상도 : 72, 인쇄용 해상도 : 300

이미지 사이즈를 조절한 후 작업 화면이 축소되어 이미지가 너무 작아 보일 수 있습니다. 포토샵에서 파일을 열었을 때 전체화면을 모두 보여주기 위해 보기 배율을 자동으로 조정하게 됩니다. 예시 이미지의 파일 탭을 확인해 보면 '12.5%'로 보여지는 것을 확인할 수 있습니다.

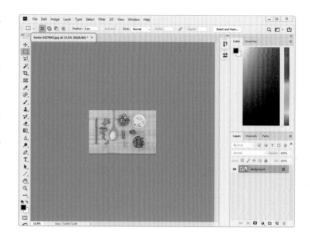

[툴 패널]에서 돋보기 도구(Zoom Tool)(🔍)를 더블클릭하면 이미지의 보기 배율을 100%로 변경할 수 있습니다(단축키 : Ctrl +1).

캔버스 사이즈

이미지 사이즈와 캔버스 사이즈를 혼동하는 경우가 많이 있습니다. 이미지 사이즈를 조절하면 작업 파일의 배경 크기와 내용에 해당하는 콘텐츠의 크기가 모두 변경됩니다. 하지만 캔버스 사이즈를 조절하면 작업 파일의 배경 크기만 변경됩니다. 도화지를 자르거나 이어붙이는 것과 흡사한 기능이라고 생각하면 됩니다.

대화상자가 열리면 현재 캔버스의 사이즈를 확인할 수 있습니다. New Size 옵션에서 단위를 'Pixels'로 선택한 후 원하는 캔버스의 사이즈를 'Width'와 'Height' 값에 입력합니다.

캔버스의 사이즈를 변경하기 위해 메뉴에서 [Image]−[Canvas Size]를 선택합니다(단축 키 : Alt + Ctrl + C).

✲ 캔버스 확장

캔버스의 사이즈를 'Width'와 'Height' 값에 1080px을 입력하여 가로와 세로 사이즈가 각각 180px로 확장되었습니다.

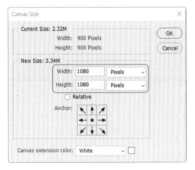

Anchor의 기준점을 좌측 상단으로 지정하면 캔버스는 오른쪽과 아래쪽으로 확장됩니다.

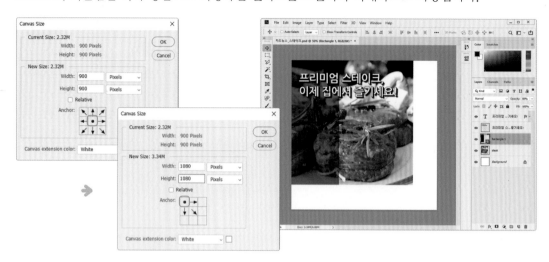

알고 갑시다! [Canvas Size] 대화상자

- Current Size : 이미지의 현재 용량
  - Width : 현재 가로 사이즈
  - Height : 현재 세로 사이즈
- New Size : 캔버스 사이즈 변경 후 이미지의 용량
  - Width : 변경할 가로 사이즈
  - Height : 변경할 세로 사이즈
- Relative : 선택하면 'Width'와 'Height'의 값이 '0'으로 초기화되어, 확장이나 축소하고 싶은 값을 입력할 수 있습니다.
- Anchor : 캔버스가 확장/축소되는 기준점을 정할 수 있습니다.
- Canvas extension color : 확장되는 캔버스의 색상을 지정할 수 있습니다.

☀ 캔버스 축소

캔버스의 사이즈를 'Width'와 'Height' 값에 600px을 입력하여 가로와 세로 사이즈가 각각 300px로 축소되었습니다. 이때 현재 캔버스 사이즈보다 작은 값을 입력하면 확인하는 창이 열립니다. [Proceed] 버튼을 클릭하면 캔버스 사이즈 축소가 완료됩니다.

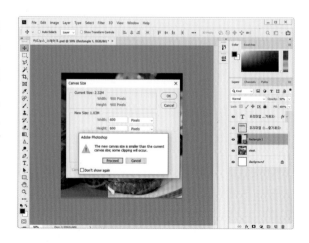

캔버스 사이즈가 변경되면 보이는 내용은
유지되며 마치 화면이 잘린 것처럼 축소되
는 것을 확인할 수 있습니다.

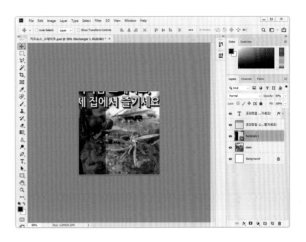

알고 갑시다! Canvas Size와 Image Size 비교

- Canvas Size를 300px로 축소했을 때

- Image Size를 300px로 축소했을 때

화면 배율 조절하기

작업 화면의 보기 배율을 약 0.2%~12800%까지 조절할 수 있습니다. 세밀한 작업을 할 때는 확대하여 작업하고, 전체적인 화면을 볼 때는 축소하여 작업하는 것이 좋습니다.

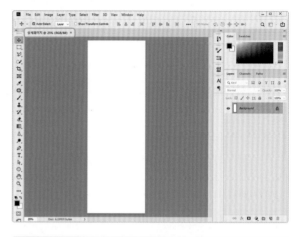

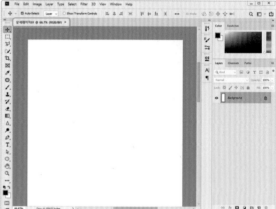

단축키
- 확대 : Ctrl + +
- 축소 : Ctrl + -
- 화면 맞추기 : Ctrl + 0
- 100% 크기 : Ctrl + 1

05 SECTION 사이즈 설정하기
(카드뉴스, 상세페이지 사이즈 규격 정리)

※ Facebook

▲ 카드뉴스 정사각형(900×900)

▲ 카드뉴스 가로형(900×600)

▲ 카드뉴스 세로형(600×900)

※ YouTube

▲ 채널 커버 이미지(1280×720)

▲ 프로필 이미지(800×800)

✳ Instagram

▲ 정사각형 이미지(1080×1080)

▲ 프로필 이미지(110×110)

✳ Naver

▲ 블로그 섬네일(720×720)

▲ 포스트 섬네일(720×1200)

✳ 상세페이지

상세 설명의 내용에 따라 세로 사이즈를 자유롭게 조절해도 무관하지만 2500px 이하로 제작하는 것이 좋습니다. 내용이 많다면 여러 장의 이미지로 나누어서 제작합니다.

▲ 상세페이지(860×2500)　　▲ 홍보포스터(600×900)

알고 갑시다! 그 외 사이즈는 '타일' 사이트 참고

https://tyle.io 사이트 접속 후 'Try Tyle.io for Free' – 'Media' 클릭합니다.

06 레이어 이해하기

포토샵에서 레이어는 가장 핵심적인 내용이라고 봐도 무관합니다. 그만큼 가장 기본이 되고 중요한 개념입니다. 레이어 개념을 이해하지 못하면 포토샵은 어려운 작업이 될 수밖에 없습니다. 레이어는 투명한 도화지와 비슷하다고 생각하면 됩니다. 포토샵에서 하나의 작업물을 완성하기 위해 한 장의 도화지에 덧칠하듯이 작업하는 것이 아니라 투명한 도화지 위에 하나씩 그림을 그리고, 그것을 겹겹이 쌓아가는 방식으로 작업하게 됩니다. 어린아이들이 가지고 노는 '종이인형놀이'와도 비슷하다고 볼 수 있습니다. 종이인형의 사람을 오려서 두고, 그 위에 옷, 신발, 가방, 모자 등을 겹치고, 쌓아 올려서 완성하게 되는 것과 비슷한 개념으로 바라보면 이해가 쉽습니다.

포토샵 화면의 오른쪽 패널 모음 중에서 하단에 위치한 [Layers] 패널을 통해 레이어를 확인해 볼 수 있습니다. 새로운 파일을 만들면 'Background' 레이어가 기본으로 생성됩니다. 하나의 파일에 최소 하나의 레이어가 존재하게 됩니다.

[Layers] 패널의 하단 아이콘 중에서 'create a new layer(새 레이어 만들기)(🗒)' 버튼을 클릭하면 새로운 레이어가 생성됩니다.

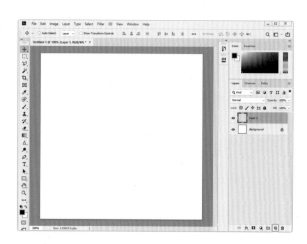

Background 레이어의 'Indicates layer visibility (레이어 나타내기/숨기기)(●)' 버튼을 클릭하여 레이어를 숨기면 체스판과 같은 무늬를 볼 수 있는데, 이것은 비어있는 투명한 상태라고 보면 됩니다.

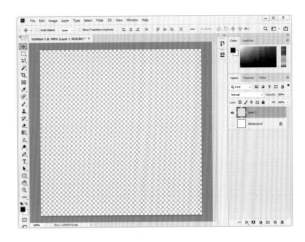

완성된 파일을 보면 작업 화면에서는 하나의 이미지로 보이지만 [Layer] 패널을 보면 'Background' 레이어, '배경' 레이어, '글씨' 레이어, '패턴' 레이어를 순서대로 쌓아 올려 만들었다는 것을 확인할 수 있습니다. 이렇게 레이어를 각각의 내용별로 분리하여 작업해야만 나중에 수정이 가능합니다. 레이어가 분리되어 있어야 각 부분의 이동, 편집, 삭제 등의 개별적인 작업이 가능하므로 반드시 레이어를 분리해서 작업해야 합니다.

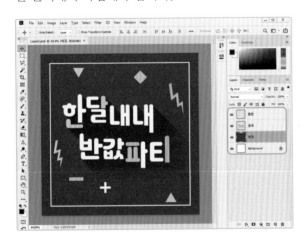

레이어 종류

- **일반 레이어(▨)** : 래스터 방식의 레이어로 모든 기능을 적용할 수 있어 자유롭게 편집할 수 있습니다. [Layer] 패널 하단에 'create a new layer(새 레이어 만들기)(▨)' 버튼을 누르면 추가되며 투명한 상태입니다.

- **문자 레이어(T)** : [툴] 패널에서 Type Tool(문자 도구)(T)를 선택하여 글자를 입력하면 자동으로 생성되며, 자유롭게 크기 변경이나 왜곡이 가능하다는 장점이 있습니다. 섬네일의 모양을 보고 구분할 수 있습니다.

- **모양 레이어(▨)** : [툴] 패널에서 shape Tool(모양 도구) (▨)를 선택하여 도형을 그리면 자동으로 생성되며, 자유롭게 크기 변경이나 왜곡이 가능하다는 장점이 있습니다. 섬네일의 모양을 보고 구분할 수 있습니다.

- **스마트 오브젝트 레이어(▨)** : 이미지를 삽입할 때(메뉴에서 [Place Embeded]) 자동으로 생성이 되고, 그 외 레이어를 스마트 오브젝트 레이어로 변환할 수 있습니다. 자유롭게 크기 변경이나 왜곡이 가능하고 특히 이미지를 깨지지 않게 보호할 수 있다는 장점이 있습니다. 섬네일의 모양을 보고 구분할 수 있습니다.

레이어 패널

- **Indicates layer visibility**(레이어 나타내기/숨기기)(◉) : 작업 화면에서 레이어를 나타내거나 숨길 수 있습니다. ◉ 표시를 끄면 화면에서 숨겨집니다.

- **Link layers**(레이어 묶기)(👁) : 2개 이상의 레이어를 묶어서 동시에 이동할 수 있습니다.

- **Add a layer style**(레이어 스타일)(*fx*) : 레이어에 그림자, 테두리선, 입체효과, 패턴 등 다양한 꾸밈 효과를 적용할 수 있습니다.

- **Add layer mask**(레이어 마스크)(◻) : 레이어의 원본을 보호하면서 일부분을 지운 것처럼 가릴 수 있습니다.

- **Create new fill or adjustment layer**(채우기 및 이미지 조정 레이어)(◑) : 단색/패턴/그라데이션 등의 '채우기' 또는 색/채도/밝기 등의 효과를 적용하는 '이미지 조정' 레이어를 추가할 수 있습니다.

- **Create a new group**(레이어 그룹)(▢) : 컴퓨터에 폴더를 만들어 파일을 정리하듯이 레이어가 많을 때 여러 레이어를 그룹으로 정리할 수 있습니다.

- **Create a new layer**(새 레이어 만들기)(▢) : 새 레이어를 생성시킵니다.

- **Delete layer**(레이어 삭제)(🗑) : 선택한 레이어를 삭제합니다. 레이어를 선택한 후 Delete 를 눌러도 삭제됩니다.

- **Set the blending mode for layer**(블렌딩 모드) : 선택한 레이어와 바로 아래 위치한 레이어 사이에 혼합 모드입니다. 선택하는 모드에 따라 다양한 합성 효과를 적용할 수 있습니다.

- **Opacity**(불투명도) : 선택한 레이어의 불투명도를 조정할 수 있습니다. 0~100% 사이의 수치 선택이 가능하며, 0%에 가까울수록 투명해집니다.

07 사진 보정하기

밝기 보정하기(예제 파일 : 1209105)

✱ Levels

[Layers] 패널 – [Adjustment layer(◑)] –
[Levels]를 선택하여 조정 레이어를 추가합
니다.

Level Layer를 추가하면 [Properties] 패널이
활성화되어 조정 레이어의 옵션 값을 변경
할 수 있습니다. 새로운 Layer를 만들어 조
정하므로 원본은 변하지 않습니다.

- Levels : Shadows(어두운 영역), Midtones(중간 영역), Highlights(밝은 영역) 조절하여 밝기 및 명암 대비를 조정할 수 있습니다.
- Black Point : Point의 슬라이더를 오른쪽으로 움직이면 이미지의 어두운 영역이 더 어둡게 보정됩니다.
- Gray Point : Point의 슬라이더를 오른쪽으로 움직이면 이미지의 중간 영역이 전체적으로 어둡게 보정되고, Point의 슬라이더를 왼쪽으로 움직이면 중간 영역이 전체적으로 밝게 보정됩니다.
- White Point : Point의 슬라이더를 왼쪽으로 움직이면 이미지의 밝은 영역이 더 밝게 보정됩니다.
- Output Levels : 이미지의 전체적인 밝기를 조절합니다.

Level 예시 ①

White Point의 슬라이더를 왼쪽으로 조정하여 이미지의 밝은 영역이 더욱 밝게 보정된 것을 확인할 수 있습니다.

Level 예시 ②

Black Point의 슬라이더를 오른쪽으로 조정하여 이미지의 어두운 영역이 더욱 어둡게 보정된 것을 확인할 수 있습니다.

Level 예시 ③

White Point의 슬라이더를 왼쪽으로 조정하고, Black Point의 슬라이더를 오른쪽으로 조정하여 이미지의 콘트라스트가 증가한 것을 확인할 수 있습니다. 콘트라스트가 증가하여 이미지가 더욱 선명해 보이는 효과를 줄 수 있습니다.

Level 적용을 마친 후 [Layers] 패널의 [Blending mode]를 'Normal'에서 'Luminosity'로 변경하는 것이 좋습니다. Level 값을 조정하면서 이미지의 명도뿐만 아니라 색상에도 영향을 끼치게 되는데, 'Luminosity'로 지정하면 이를 방지할 수 있습니다(Level을 사용할 때 무조건 'Blending mode'를 변경하는 것이 아니라, 색의 영향을 제외하고자 할 때만 'Luminosity'로 변경합니다).

☀ Curves

레벨은 1차원적 직선 구조이고, 커브는 2차원 곡선 구조로 되어 있습니다. 레벨보다 커브가 더 풍부하게 명암 조정이 가능합니다.

[Layers] 패널-[Adjustment layer(●)]-[Curves]를 선택하여 조정 레이어를 추가합니다.

Tip Curves
Level과 동일하게 White Point, Gray Point, Black Pont로 각 영역별 조절이 가능합니다. 오른쪽 위의 부분이 Highlights이며 왼쪽 아래의 부분이 Shadows를 나타냅니다. Control Point를 커브에 추가하고 움직이면 커브의 모양이 바뀌면서 이미지가 조절됩니다. 경사도에 따라 커브에서 경사도가 높으면 높은 콘트라스트를 보이며 경사도가 평평할수록 낮은 콘트라스트를 보입니다.

Curves Laver를 추가하면 [Properties] 패널이 활성화되어 조정 레이어의 옵션 값을 변경할 수 있습니다. 새로운 Layer를 만들어 조정하므로 원본은 변하지 않습니다.

원본 이미지

Curve 예시 ①

Control Point를 커브의 중앙에 추가하고 그래프를 위로 올리면 이미지가 전체적으로 밝게 보정된 것을 확인할 수 있습니다.

Curve 예시 ②

Control Point를 커브의 중앙에 추가하고 그래프를 아래로 내리면 이미지가 전체적으로 어둡게 보정된 것을 확인할 수 있습니다.

Curve 예시 ③

이미지의 중간 영역을 고정시키기 위해 Control Point를 커브의 중앙에 추가합니다. 그리고 1/4 지점, 3/4 지점에 추가하여 Highlights 영역은 Control Point를 위로 올리고 Shadows 영역은 Control Point를 아래로 내리면 이미지의 콘트라스트가 증가한 것을 확인할 수 있습니다. 콘트라스트가 증가하여 이미지가 더욱 선명해 보이는 효과를 줄 수 있습니다.

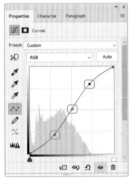

Curve 적용을 마친 후 [Layers] 패널의 [Blending mode]를 'Normal'에서 'Luminosity'로 변경하는 것이 좋습니다. Curve 값을 조정하면서 이미지의 명도뿐만 아니라 색상에도 영향을 끼치게 되는데, 'Luminosity'로 지정하면 이를 방지할 수 있습니다.

Curve를 사용할 때 무조건 'Blending mode'를 변경하는 것이 아니라, 색의 영향을 제외하고자 할 때만 'Luminosity'로 변경합니다.

색상 보정하기(예제 파일 : 943749/906138)

✳ Hue/Saturation

[Layers] 패널 − [Adjustment layer(◓)] − [Hue/Saturation]을 선택하여 조정 레이어를 추가합니다.

알고 갑시다! Hue/Saturation

- Hue(색조) : 색상을 변경합니다.
- Saturation(채도) : 채도를 변경합니다. 값이 낮을수록 채도가 흑백에 가까워지며, 높을수록 원색에 가까워집니다.
- Lightness(밝기) : 전체적인 밝기를 조절합니다(Level이나 Curves를 사용하는 것이 더욱 자연스럽게 밝기를 조절할 수 있습니다).

원본 이미지

Hue 예시

예제 이미지와 같이 한 가지 계열의 색으로 구성되어 있을 경우 'Hue'의 슬라이더를 조절하여 다양한 색상으로 변경이 가능합니다(RGBCMY와 Master까지 7개의 색상 영역을 지원하여 특정 색상 영역만 선택하여 조절이 가능합니다).

Hue 응용

'Hue'를 조절하여 색상을 변경한 후 'Hue/Saturation' 레이어의 마스크 영역을 활용하면 특정 부분에만 효과 적용이 가능합니다(레이어 마스크 영역에서 검은색은 효과를 가려주는 기능을 합니다).

▲ 원본 이미지

▲ 보정 이미지

선명 효과주기(예제 파일 : 3931180)

❉ Unsharp Mask

선명 효과를 적용하기 전에 메뉴에서 [Layer]−
[Duplicate Layer]를 선택해 Back ground 레이어
를 복사합니다(단축키 : Ctrl + J).

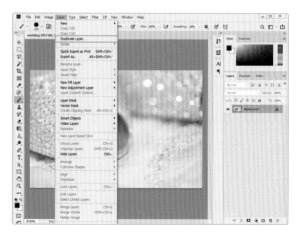

복사한 'Layer 1' 레이어를 클릭한 후 메뉴에서 [Filter]-[Sharpen]-[Unsharp Mask]를 선택합니다.

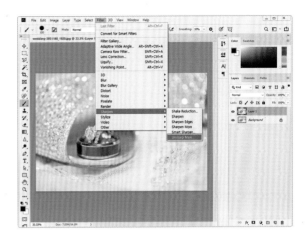

- **Radius(반경)** : 슬라이더를 조절하거나 직접 숫자로 값을 입력하여 샤픈의 영향을 받는 픽셀의 반경을 조정합니다. 값이 높을수록 반경이 넓어지고 더욱 선명해 집니다. Radius(반경)는 이미지의 사이즈에 따라 적용되는 값이 달라질 수 있습니다. 고해상도의 이미지라도 Radius는 '2'를 넘지 않도록 하는 것이 좋습니다. 값이 낮아질수록 좁은 영역에 샤픈이 영향을 미치므로 정밀하게 적용될 수 있습니다.

- **Amount(양)** : 슬라이더를 조절하거나 직접 숫자로 값을 입력하여 픽셀의 콘트라스트를 얼마나 증가시켜줄지 수치를 입력합니다. 0~500% 사이에서 수치 입력이 가능하며 값이 높을수록 콘트라스트가 증가합니다.

- **Threshold(한계값)** : 슬라이더를 조절하거나 직접 숫자로 값을 입력하여 필터가 적용될 픽셀과 주위 영역 사이의 차이를 조정합니다. 0~255 사이에서 범위를 정할 수 있으며 한계값이 '0'일 경우 모든 픽셀에 샤픈이 적용되고 한계값이 높을수록 샤픈 효과는 줄어든 것처럼 보입니다(예 : 한계값이 '10'일 경우 10레벨 이상 차이나는 픽셀에만 필터가 적용됩니다).

[Unsharp Mask] 대화상자가 열리면 옵션 값을 입력하고 [OK] 버튼을 클릭합니다.

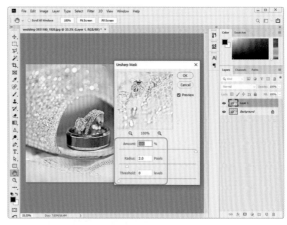

▲ 원본 이미지

▲ 'Amount : 500%' 적용 이미지

필터를 적용한 이미지를 보면 선명 효과가 적용되었지만 수치가 높아 너무 인위적으로 보정된 것을 볼 수 있습니다. 이를 조정하기 위해 'Layer 1' 레이어의 불투명도를 낮추어 선명도 효과의 농도를 조절해 줍니다.

▲ 원본 이미지

▲ 'Opacity : 100%' 적용 이미지

▲ 'Opacity : 50%' 적용 이미지

> **Tip** Unsharp Mask
> Unsharp Mask는 이미지를 선명하게 보이는 효과를 주지만 수치가 과하게 높을 경우 오히려 노이즈가 발생하거나 인위적으로 보일 수 있습니다. 필터를 적
> 용한 레이어의 불투명도 값을 조절해 적당한 값을 찾는 것이 좋습니다.

흑백 이미지 만들기(예제 파일 : 142876/2601561)

✳ Grandient Map

[Layers] 패널 – [Adjustment layer(◐)] –
[Grandient Map]을 선택하여 조정 레이어를
추가합니다(메뉴의 위치는 '밝기보정' 내용
을 참고합니다).

Grandient Map Layer를 추가하면 [Properties] 패널이 활성화되어 조정 레이어의 옵션 값을 변경할
수 있습니다. 새로운 Layer를 만들어 조정하므로 원본은 변하지 않습니다.

'Click to edit the gradient' 부분을 클릭해 [Gradient Editor] 대화상자를 열어줍니다.

그라데이션이 예시와 다른 색상으로 지정되어 있다면 Presets에서 'Black, White'로 선택합니다. [Gradient Editor] 대화상자에서 Color stop을 추가하고 Location(위치)을 '50%'로 지정해 중앙에 위치합니다. 추가한 Color stop을 더블클릭하여 중간 값의 회색으로 변경합니다(색상코드 #808080).

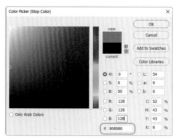

▲ 원본 이미지

▲ 보정 이미지

⁂ Grandient Map 응용

'Grandient Map' 레이어의 마스크 영역을 활
용하면 특정 부분에만 효과 적용이 가능합
니다(레이어 마스크 영역에서 검은색은 효
과를 가려주는 기능을 합니다).

▲ 원본 이미지

▲ 보정 이미지

음식 사진 보정하기(예제 파일 : 660748)

⁂ Color Balance, Selective Color, Unsharp Mask

[Layers] 패널 − [Adjustment layer(●)] −
[Color Balance]를 선택하여 조정 레이어를
추가합니다.

Color Balance Layer를 추가하면 [Properties] 패널이 활성화되어 조정 레이어의 옵션 값을 변경할 수 있습니다. 새로운 Layer를 만들어 조정하므로 원본은 변하지 않습니다. 음식이 맛있어 보이도록 전체적인 색상에 붉은 빛과 노란 빛을 추가하기 위해 Red와 Yellow의 값을 조절합니다.

> • Red : +7
> • Yellow : −6

[Layers] 패널 − [Adjustment layer(⬤)] − [Selective Color]를 선택하여 조정 레이어를 추가합니다.

Selective Color Layer를 추가하면 [Properties] 패널이 활성화되어 조정 레이어의 옵션 값을 변경할 수 있습니다. 새로운 Layer를 만들어 조정하므로 원본은 변하지 않습니다. Color Balance를 적용하면서 흰색 접시까지 색상이 적용된 것을 볼 수 있습니다. 접시는 흰색으로 보이게 하기 위하여 Colors의 'Whites' 값을 조절합니다.

> • Black : −100%

선명 효과를 적용하기 전에 메뉴에서 [Layer]-
[Duplicate Layer]를 선택해 Background 레이
어를 복사합니다(단축키 : Ctrl + J).

복사한 'Layer 1' 레이어를 클릭한 후 메뉴에
서 [Filter]-[Sharpen]-[Unsharp Mask]를 선
택합니다.

[Unsharp Mask] 대화상자가 열리면 옵션 값
을 입력하고 [OK] 버튼을 클릭합니다.

- Amount : 500%
- Radius : 2.0 Pixels
- Threshold : 0 Levels

필터를 적용한 이미지를 보면 선명 효과가
적용되었지만 수치가 높아 너무 인위적으로
보정된 것을 볼 수 있습니다. 이를 조정하기
위해 'Layer 1' 레이어의 불투명도를 낮추어
선명도 효과의 농도를 조절해 줍니다.

▲ 원본 이미지

▲ 보정 이미지

풍경사진 보정하기(예제 파일 : 766673)

⁎ Curves, Hue/Saturation

[Layers] 패널 − [Adjustment layer(◐)] −
[Curves]를 선택하여 조정 레이어를 추가합
니다.

Curve Layer를 추가하면 [Properties] 패널이 활성화되어 조정 레이어의 옵션 값을 변경할 수 있습니다. 새로운 Layer를 만들어 조정하므로 원본은 변하지 않습니다.

이미지를 전체적으로 밝게 보정하기 위해 Control Point를 커브의 중앙에 추가하고 그래프를 위로 올립니다.

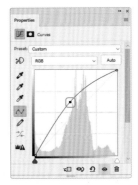

[Layers] 패널 – [Adjustment layer(●)] – [Selective Color]를 선택하여 조정 레이어를 추가합니다.

Curve Layer를 추가하면 [Properties] 패널이 활성화되어 조정 레이어의 옵션 값을 변경할 수 있습니다.

이미지의 콘트라스트를 높여주기 위해 Highlights 영역과 Shadows 영역에 곡선을 적용합니다. 이미지의 중간 영역을 고정시키기 위해 Control Point를 커브의 중앙에 추가합니다. 그리고 1/4 지점, 3/4 지점에 추가하여 Highlights 영역은 Control Point를 위로 올리고 Shadows 영역은 Control Point를 아래로 내리면 이미지의 콘트라스트가 증가한 것을 확인할 수 있습니다. 콘트라스트가 증가하여 이미지가 더욱 선명해 보이는 효과를 줄 수 있습니다.

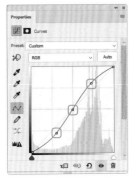

[Layers] 패널 − [Adjustment layer(●)] −
[Hue/Saturation]를 선택하여 조정 레이어를
추가합니다.

Hue/Saturation Layer를 추가하면 [Properties]
패널이 활성화되어 조정 레이어의 옵션 값
을 변경할 수 있습니다.
이미지가 화사하게 보일 수 있도록 채도를
높여 줍니다.

• Saturation : 40

▲ 원본 이미지

▲ 보정 이미지

MEMO

그동안 어렵기만 했던 포토샵!

초보자도 쉽게 따라할 수 있고,

누구나 카드뉴스의 상세페이지를 만들 수 있도록

맞춤 예제를 따라해 봅니다.

쉽게 만드는
카드뉴스&
상세페이지

01

SECTION

문자 변형을 이용한
카드뉴스 디자인

포토샵에서 자유 변형을 이용한 문자 왜곡과 도형의 옵션을 활용하여 심플한 홍보형 카드뉴스를 만들어 보겠습니다.

예제 파일
· 심플카드뉴스01

사이즈
· 정사각형 카드뉴스 템플릿 사이즈(900×900px)

폰트
· 나눔스퀘어 Regular
· 나눔스퀘어 ExtraBold

주요 기능
· 문자 입력(Type Tool)
· 자유 변형하기(Free Transform)
· 도형 그리기(Shape Tool)
· 도형 옵션 활용하기(Path operations)

정사각형 카드뉴스를 만들기 위해 새로
운 작업 파일을 만들어 줍니다. 메뉴에서
[File]−[New]를 선택합니다(단축키: `Ctrl`+
`N`).

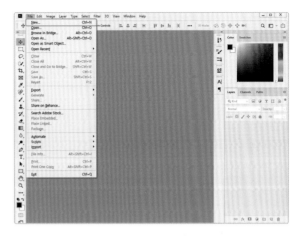

대화상자가 화면에 표시되면 [PRESET
DETAILS] 옵션 값을 확인하여 설정합니다.

- 파일 이름 : 심플카드뉴스01
- Width(가로 사이즈) : 900 Pixels
- Height(세로 사이즈) : 900 Pixels
- Resolution(해상도) : 72 Pixels/Inch
- Color Mode(색상 모드) : RGB Color
- Background Contents(배경) : White

배경에 단색 넣기 위해 [Layers] 패널 – [Adjustment layer(⬤)] – [Solid Color]를 선택하여 조정 레이어를 추가합니다.

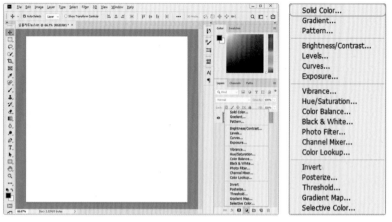

'Color Fill' 레이어가 추가되면서 색상을 선택할 수 있는 [Color Picker] 대화상자가 화면에 표시됩니다.

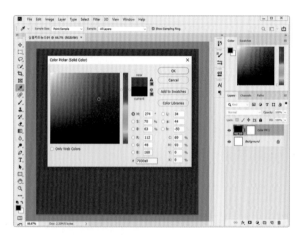

[Color Picker] 대화상자에서 색상 코드 입력란에 '7030a0'을 입력하여 보라색을 선택합니다.

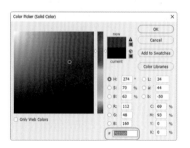

문자를 입력하기 위해 [Tool] 패널 –
[Horizontal Type Tool(T)]을 선택하여 작업 화
면 위에 클릭합니다.

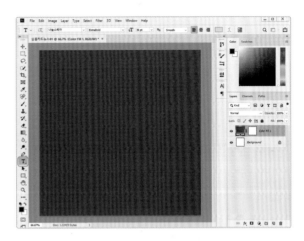

[Character] 패널이 활성화되면 문자의 설정
을 변경한 후 내용을 입력합니다.

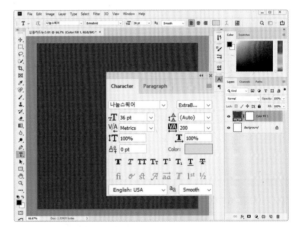

- 글꼴 : 나눔스퀘어 ExtraBold
- 크기 : 36pt
- 자간 : 200
- Color : ffff00

문자를 입력하면 밑줄이 생기는 것을 볼 수
있는데, 실제 존재하는 밑줄이 아니라 문자
를 작성하고 있다는 표시입니다. 문자 입력
이 끝나면 Ctrl+Enter를 눌러 작업을 완료
합니다.

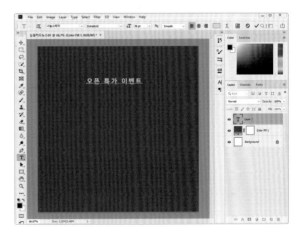

위와 동일한 방식으로 메인 문구를 작성합니다.

- 글꼴 : 나눔스퀘어 ExtraBold
- 크기 : 200pt
- 자간 : 200
- Color : ffff00

배경을 기준으로 레이어를 정렬하기 위해 [Layer] 패널에서 'Background' 레이어, '오픈 특가' 문자 레이어, '심쿵 할인' 문자 레이어를 다중 선택한 후 [Tool] 패널 – [Move Tool(✛)]을 선택합니다.

[Move Tool(✛)]의 [옵션 바]에서 다중 선택한 레이어의 정렬 방식 선택이 가능합니다. 'Align horizontal centers(✛)'을 선택하면 'Background' 레이어를 기준으로 가로 방향 가운데 정렬됩니다.

문자를 왜곡시키기 위해 [Layer] 패널에서 '오픈 특가' 문자 레이어, '심쿵 할인' 문자 레이어를 다중 선택한 후 메뉴에서 [Edit]–[Free Transform]을 선택합니다.

Tip Ctrl을 누른 채 선택할 레이어를 클릭하면 다중 선택이 가능합니다.

[Free Transform]이 실행되면 작업 화면에 바운딩 박스가 표시됩니다. 이때 Ctrl을 누른 상태에서 오른쪽 중앙에 있는 조절점을 위로 드래그하면 선택한 레이어가 왜곡되는 것을 확인할 수 있습니다. 변형이 끝나면 Enter를 눌러 작업을 완료합니다.

STEP 04 문자에 변형된 그림자 넣기

사각형을 그리기 위해 [Tool] 패널 – [Rectangle Tool(▮)]을 선택합니다. 작성한 문구 아래에 적당한 크기의 사각형을 클릭&드래그해서 그립니다. 사각형이 그려지면 [Layer] 패널에 'Rectangle 1' 레이어가 자동으로 생성된 것을 볼 수 있습니다.

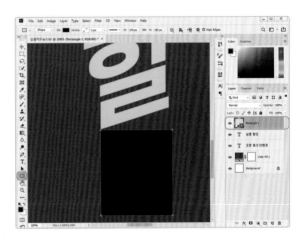

도형을 왜곡시키기 위해 [Layer] 패널에서 'Rectangle 1' 도형 레이어를 선택한 후 메뉴에서 [Edit]−[Free Transform]을 선택합니다.

[Free Transform]이 실행되면 작업 화면에 바운딩 박스가 표시됩니다. 이때 Ctrl을 누른 상태에서 오른쪽 중앙에 있는 조절점을 위로 드래그하면 선택한 레이어가 왜곡되는 것을 확인할 수 있습니다.

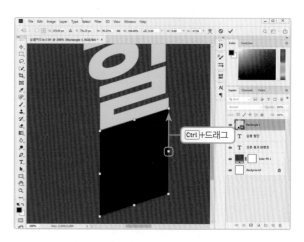

동일한 방법으로 아래쪽 중앙에 있는 조절점을 Ctrl을 누른 상태에서 위로 드래그 해 왜곡시킵니다. 변형이 끝나면 Enter를 눌러 작업을 완료합니다.

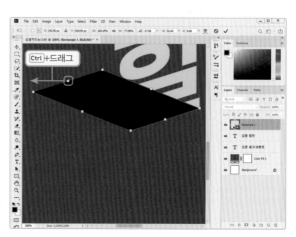

도형에 그라데이션을 넣기 위해 [Rectangle Tool()]의 옵션 중 'Fill'을 클릭하면 도형의 채우기 타입과 색상을 변경할 수 있습니다. 색 채우기 방식을 'Gradient'로 변경한 후 흰색 'Color stop'을 더블클릭하여 배경과 같은 보라색(#7030a0)으로 지정합니다.

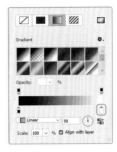

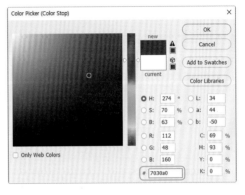

마지막으로 그라데이션의 방향을 '120'으로 변경합니다.

사각형 레이어를 복사하기 위해 'Rectangle 1' 레이어를 선택한 상태에서 [Tool] 패널 – [Move Tool(✛)]을 선택합니다.

Alt 를 누르면 툴의 모양이 이중 화살표(▶▶)로 바뀌는데, 이때 작업 화면에서 드래그를 하면 'Rectangle 1 copy' 레이어가 생성되면서 그림자가 복사되는 것을 확인할 수 있습니다(Move Tool+ Alt +드래그 : 레이어 복사).

사각형을 그리기 위해 [Tool] 패널 – [Rectangle Tool(▬)]을 선택합니다. 작업 화면 위에 클릭하면 사각형의 크기를 지정하여 도형을 그릴 수 있습니다.

- Width : 250px
- Height : 140px

사각형이 그려지면 [Layer] 패널에 'Rectangle 2' 레이어가 자동으로 생성되며 [Properties] 패널이 활성화됩니다. 도형의 [옵션 바]에서도 도형의 옵션을 변경할 수 있고, 활성화된 [Properties] 패널에서도 도형의 옵션 변경이 가능합니다.

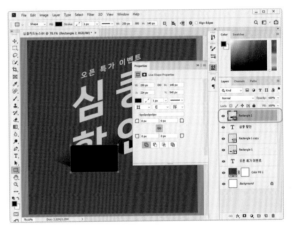

쿠폰의 양옆에 펀칭 모양을 만들기 위해 [Tool] 패널 – [Ellipse Tool(●)]을 선택합니다.

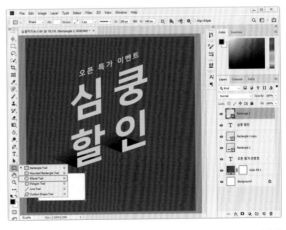

미리 그려둔 사각형 위에 Alt 를 누른 채 클릭하면 원형의 크기를 지정하면서 'Path operations' 값을 'Subtract Front Shape(교차 영역 빼기)'로 변경하여 그릴 수 있습니다.

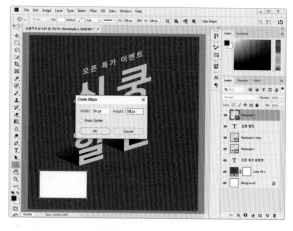

• Width : 50px
• Height : 50px

알고 갑시다! Path Operations

하나의 레이어에 둘 이상의 Shape를 생성하였을 때 교차되는 영역의 옵션을 선택합니다.
① New Layer : 새로운 레이어를 생성하여 Shape를 그립니다.
② Combine Shapes : 기존 Shape에 더해줍니다(단축키 : Shift).
③ Subtract Front Shape : 기존 Shape에서 빼줍니다(단축키 : Alt).
④ Intersect Shape Areas : 서로 다른 Shape의 교차되는 영역만 남깁니다(단축키 : Shift + Alt).
⑤ Exclude Overlapping Shape : 서로 다른 Shape의 교차되는 영역을 빼줍니다.
⑥ Merge Shape Components : Shape를 병합합니다.

① New Layer
② Combine Shapes
③ Subtract Front Shape
④ Intersect Shape Areas
⑤ Exclude Overlapping Shapes
⑥ Merge Shape Components

쿠폰 양옆의 펀칭 모양을 복사하기 위해 [Tool] 패널 – [Path Selection Tool(▶)]을 선택하면 하나의 Shape Layer에 여러 Shape 를 각각 이동시키거나 편집이 가능합니다.

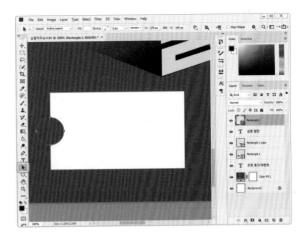

[Path Selection Tool(▶)]을 선택한 상태에서 쿠폰의 왼쪽에 그려둔 원형을 Alt 를 누른 채 드래그하면 레이어를 복사하듯이 Shape 가 복사됩니다.

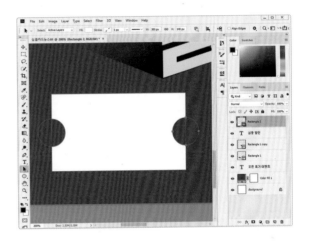

문자를 입력하기 위해 [Tool] 패널 – [Horizontal Type Tool(T)]을 선택하여 작업 화면 위에 클릭하여 문자를 입력합니다. 문자 입력이 끝나면 Ctrl + Enter 를 눌러 작업을 완료합니다.

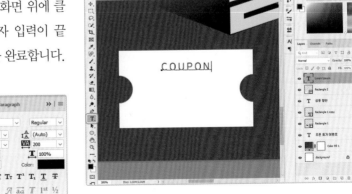

· 글꼴 : 나눔스퀘어 Regular
· 크기 : 18pt
· 자간 : 200
· Color : 000000

위와 동일한 방식으로 [Tool] 패널 – [Horizontal Type Tool(T)]을 선택하여 문자를 입력합니다.

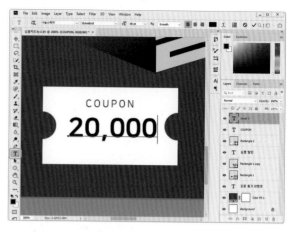

- 글꼴 : 나눔스퀘어 ExtraBold
- 크기 : 48pt
- 자간 : 0
- Color : 000000

쿠폰 레이어를 복사하기 위해 쿠폰이 완성되면 'Rectangle 2' 레이어, 'COUPON' 문자 레이어, '20,000' 문자 레이어를 다중 선택합니다. [Tool] 패널 – [Move Tool(✛)]을 선택한 상태에서 Alt 를 누른 채 마우스로 드래그하여 레이어를 복사합니다(화면에 이중화살표(▶▶) 표시됨).

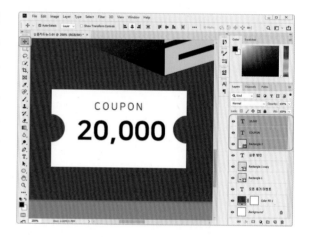

위와 동일한 방법으로 레이어를 복사하여 총 3개의 쿠폰을 완성합니다.

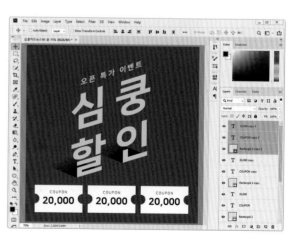

문자를 수정하기 위해 [Tool] 패널 – [Horizontal Type Tool(T)]을 선택하여 쿠폰의 가격을 수정합니다.

STEP 06 저장하기

포토샵 파일을 저장하기 위해 메뉴에서 [File]–[Save]를 선택하여 포토샵 파일(*.psd)을 원하는 위치에 저장합니다(단축키 : Ctrl + S).

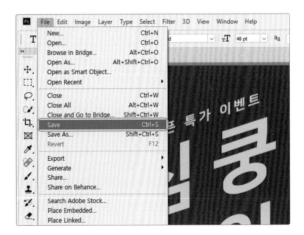

웹용 이미지 파일을 저장하기 위해 메뉴에서 [File]-[Export]-[Save for web]를 선택하여 이미지 파일(*.jpg)을 저장합니다(단축키 : Alt + Shift + Ctrl + S).

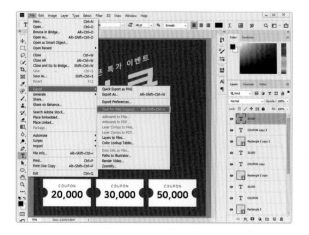

[Save for web] 대화상자가 화면에 표시되면 이미지 저장 옵션을 변경한 후 우측 하단에 [Save] 버튼을 클릭하여 포토샵 파일과 같은 위치에 저장합니다.

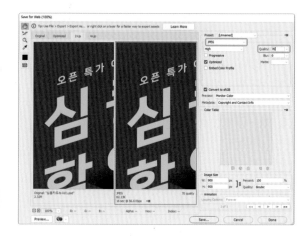

- 파일 형식 : JPEG
- Quality : 70

02

SECTION

도형과 문자를 이용한 카드뉴스 디자인

포토샵에서 펜 툴을 이용하여 자유 도형을 만들고 레이어 스타일을 적용하여 꾸미기를 활용한 심플한 홍보형 카드뉴스를 만들어 보겠습니다.

예제 파일
• 심플카드뉴스02

사이즈
• 정사각형 카드뉴스 템플릿 사이즈(900×900px)

폰트
• 나눔스퀘어 Regular
• 나눔스퀘어 ExtraBold

주요 기능
• 문자 입력하기(Type Tool)
• 펜으로 모양 그리기(Pen Tool)
• 흐림 효과 적용하기(Gaussian Blur)
• 레이어 스타일(Layer Style)
• 클리핑 마스크(Clipping Mask)

[File]−[New]를 선택하여 새로운 작업 파일
을 만들어 줍니다(단축키: Ctrl + N).

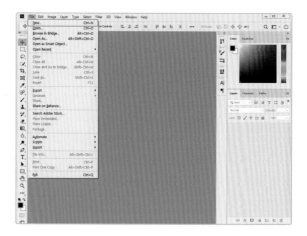

- 파일 이름 : 심플카드뉴스02
- Width(가로 사이즈) : 900 Pixels
- Height(세로 사이즈) : 900 Pixels
- Resolution(해상도) : 72 Pixels/Inch
- Color Mode(색상 모드) : RGB Color
- Background Contents(배경) : White

배경에 단색을 채우기 위해 [Layers] 패널 −
[Adjustment layer(◐)] − [Solid Color]를 선
택하여 조정 레이어를 추가합니다.

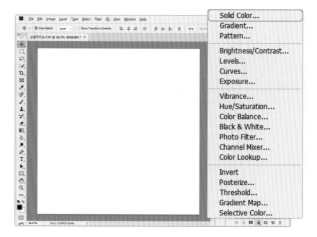

'Color Fill' 레이어가 추가되면서 색상을 선택할 수 있는 [Color Picker] 대화상자가 화면에 표시됩니다. [Color Picker] 대화상자에서 색상코드 입력란에 'f8d5dc'를 입력하여 연한분홍색을 선택합니다.

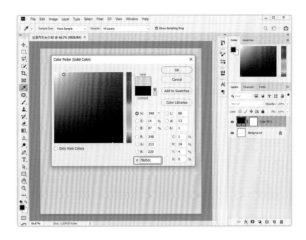

STEP 03 **사용자 모양 그리기 및 변형하기**

Custom Shape을 그리기 위해 [Tool] 패널 – [Custom Shape Tool(✿)]을 선택하고 [옵션바]에서 'Shape' 섬네일을 클릭하여 'Heart (하트)' 모양을 선택합니다.

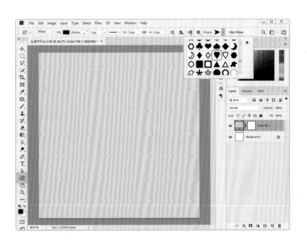

알고 갑시다!

찾는 모양이 보이지 않을 경우 설정 버튼(⚙)을 클릭하여 'All'을 선택하면 포토샵에서 제공하는 기본 Custom Shape를 모두 볼 수 있습니다.

'Heart(하트)' 모양을 선택한 후 클릭&드래그하여 화면에 그려줍니다.

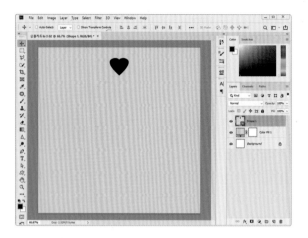

[Custom Shape Tool(✿)]의 옵션 중 'Fill'을 클릭하면 도형의 채우기 타입과 색상을 변경할 수 있습니다.

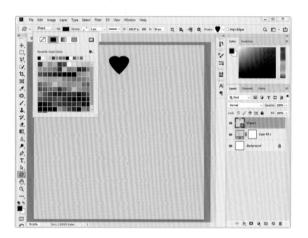

[Color Picker] 대화상자에서 색상코드 입력란에 'e58c9e'를 입력하여 분홍색을 선택합니다.

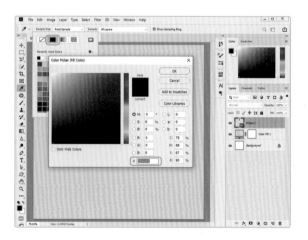

하트 모양을 변형하기 위해 [Tool] 패널 – [Direct Selection Tool(⟍)]을 선택하여 하트의 중앙에 위치한 Anchor Point를 클릭하여 아래쪽으로 드래그합니다.

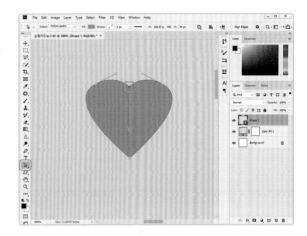

이와 같이 Path나 Shape를 그린 경우 Anchor Point를 수정하거나 방향 지시점 역할을 하는 Handle을 수정해 형태를 변형시킬 수 있습니다.

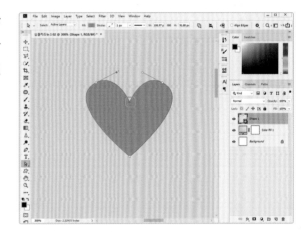

사각형을 그리기 위해 [Tool] 패널 – [Rectangle Tool(▮)]을 선택합니다. 하트 모양에 음영을 넣기 위해 오른쪽 부분에 사각형을 그려줍니다. 사각형의 색상은 'cf6d80'을 선택합니다.

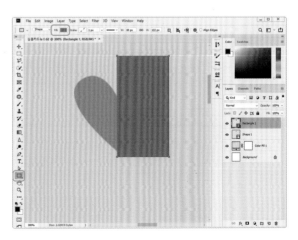

하트에 음영을 넣기 위해 메뉴에서 [Layer]-[Create Clipping Mask]를 선택하면 사각형이 하트 모양 영역에만 표시되는 것을 확인할 수 있습니다.

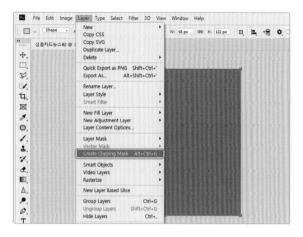

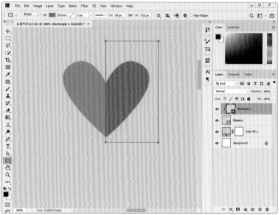

알고 갑시다! Clipping Mask

클리핑 마스크는 액자와 비슷한 효과라고 볼 수 있습니다. 액자의 프레임에 사진을 끼워 넣는 것과 닮아있기 때문입니다. 액자의 프레임이 별모양이라면 사각형의 사진을 액자에 끼웠을 때 사진의 전체가 아닌 별모양 프레임만큼만 보이게 됩니다. 이처럼 클리핑 마스크는 하위 레이어에 상위 레이어를 끼워 넣는다고 볼 수 있습니다. 하위 레이어가 액자의 프레임 역할을 하게 되고, 상위 레이어가 사진의 역할을 한다고 생각하면 됩니다.

▲ 액자 프레임

+

▲ 사진

=

▲ 클리핑마스크 적용

클리핑 마스크를 적용할 때 가장 중요한 것은 레이어의 순서입니다. 반드시 틀이 되는 레이어가 하위에 위치해야 하며 상위 레이어를 선택한 상태에서 적용해야 합니다.

적용 후에는 사진의 역할을 하게 되는 상위 레이어 앞 쪽에 '⌐' 표시가 생기고, 액자 프레임 역할을 하게 되는 하위 레이어의 이름에는 밑줄이 생깁니다. 이런 형태를 보고 클리핑 마스크의 적용 유무를 구분할 수 있습니다.

문자를 입력하기 위해 [Tool] 패널 – [Horizontal Type Tool(T)]을 선택하여 작업 화면 위에 클릭합니다. [Character] 패널이 활성화되면 문자의 설정을 변경한 뒤 내용을 입력합니다.

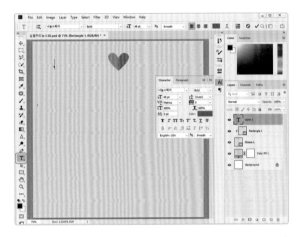

- 글꼴 : 나눔스퀘어 Bold
- 크기 : 48pt
- Color : 897363
- 내용 : sweet coupon

문자를 입력하면 밑줄이 생기는 것을 볼 수 있는데, 실제 존재하는 밑줄이 아니라 문자를 작성하고 있다는 표시입니다. 문자 입력이 끝나면 [Ctrl]+[Enter]를 눌러 작업을 완료합니다.

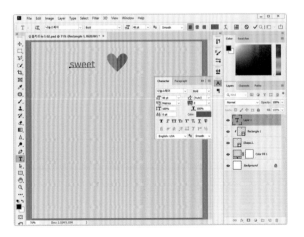

원형을 그리기 위해 [Tool] 패널 − [Ellipse
Tool(●)]을 선택합니다. 화면의 중앙에 위
치하도록 클릭&드래그해서 원형을 그린 후
'Shape fill type'을 클릭해 색상을 '#f1b4c0'으
로 지정합니다.

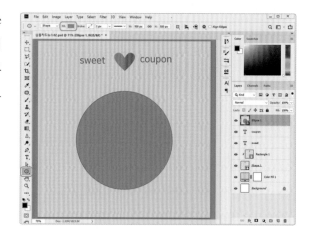

동그라미 가장자리에 번지는 효과를 넣기
위해 메뉴에서 [Filter]−[Blur]−[Gaussian
Blur]를 선택합니다. Shape 레이어에는 직
접 흐림 효과를 적용할 수가 없습니다. 반드
시 'Smart Object'로 변환하거나 Rasterize화
해야 필터를 적용할 수 있습니다.

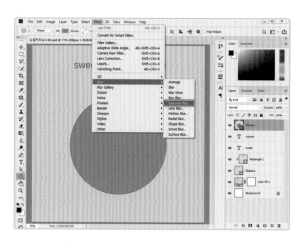

경고창이 열리면 [Convert To Smart Object]
버튼을 클릭합니다.

[Gaussian Blur] 대화상자가 실행되면 'Radius' 값에 120px을 입력하여 흐림 효과를 적용합니다.

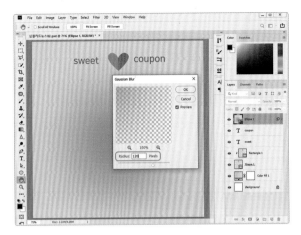

▲ Gaussian Blur 적용 전

▲ Gaussian Blur 120px

[Tool] 패널-[Pen Tool(✒)]을 선택한 후 Pick tool mode를 'Shape'로 변경합니다.

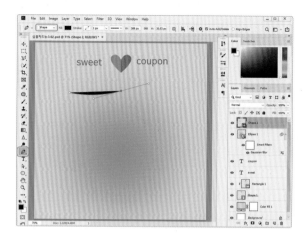

클릭과 클릭&드래그를 반복하여 리본 모양을 완성합니다. 자세한 Pen Tool 사용 방법은 블로그를 참고합니다.

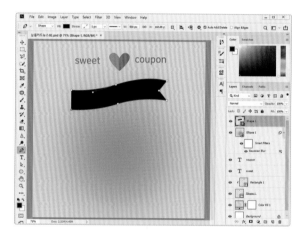

리본을 그린 후 'Shape fill type'을 클릭해 색상을 '#a7d8e2'으로 지정합니다.

위와 동일한 방법으로 나머지 리본을 그려 작업을 완료합니다.

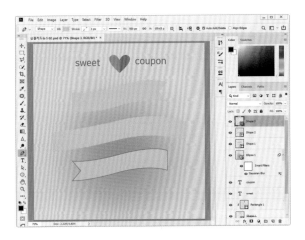

알고 갑시다!

Guide를 이용하면 더 쉽게 모양을 그릴 수 있습니다.

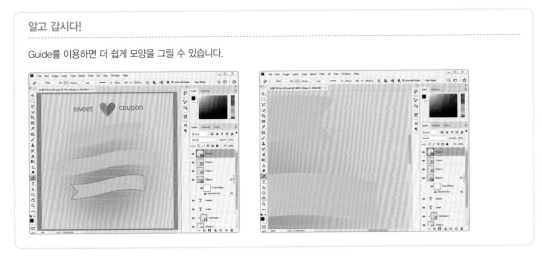

리본의 뒷부분을 그린 후 'Shape fill type'을 클릭해 색상을 '#6cb6c5'으로 지정합니다.

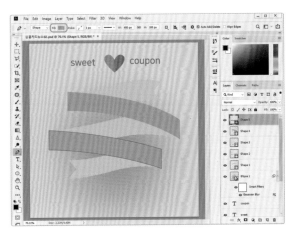

리본의 뒷부분이 앞에 보이는 레이어의 뒤로 갈 수 있도록 레이어의 순서를 변경합니다. 'Shape 4' 레이어와 'Shape 5' 레이어를 동시에 선택하여 'Shape 1'의 아래로 위치하도록 드래그&드롭 합니다.

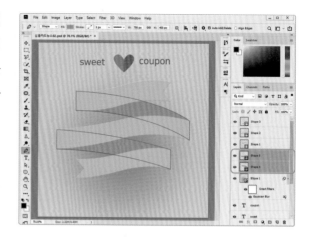

리본 앞부분에 그라데이션 효과로 입체적인 느낌을 표현하기 위해 [Layers] 패널-[Layer Style(fx)]-[Gradient Overlay]를 선택합니다.

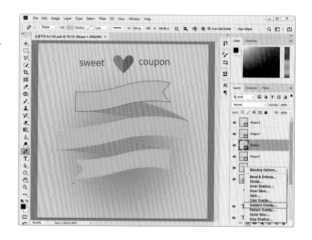

[Layer Style] 대화상자가 실행되면 'Gradient'를 클릭하여 [Gradient Editor] 대화상자를 실행시키고 Gradient 색상을 변경합니다.

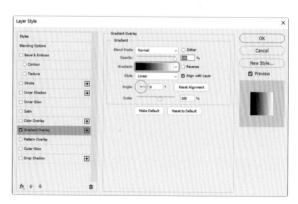

❶ Stops – Opacity : 10% / Location : 0%
❷ Stops – Opacity : 0% / Location : 50%
❸ Stops – Opacity : 10% / Location : 100%
❹ Stops – Color : #000000 / Location : 0%
❺ Stops – Color : #000000 / Location : 100%

레이어 스타일을 복사하기 위해 'Shape 1'
레이어에 'Gradient Overlay'가 적용된 것을
확인할 수 있습니다. Alt 를 누른 채 'Shape
1' 레이어에 'Effects'를 클릭하여 'Shape 2'
레이어에   드래그&드롭시키면   'Gradient
Overlay'를 복사할 수 있습니다.

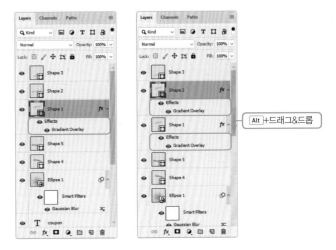

동일한 방법으로 'Shape 3' 레이어 'Gradient
Overlay'를 적용시킵니다.

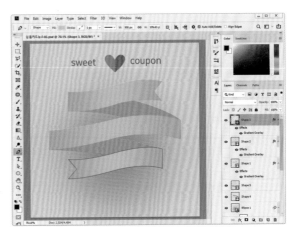

문자를 입력하기 위해 [Tool] 패널 − [Horizontal Type Tool(T)]을 선택하여 작업 화면 위에 클릭합니다. [Character] 패널이 활성화되면 문자의 설정을 변경한 후 내용을 입력합니다.

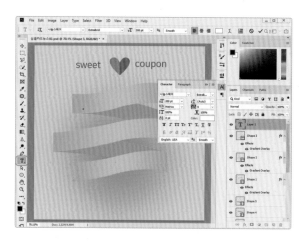

- 글꼴 : 나눔스퀘어 ExtraBold
- 크기 : 200pt
- Color : ffffff

문자를 입력하면 밑줄이 생기는 것을 볼 수 있는데, 실제 존재하는 밑줄이 아니라 문자를 작성하고 있다는 표시입니다. 문자 입력이 끝나면 [Ctrl]+[Enter]를 눌러 작업을 완료합니다.

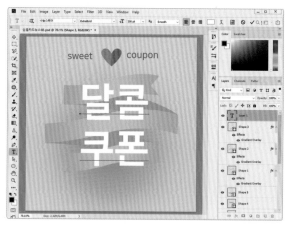

문자에 그림자 효과를 넣기 위해 [Layers] 패널−[Layer Style(fx)]−[Drop Shadow]를 선택합니다. 그림자가 중앙에서 퍼져나갈 수 있도록 옵션을 변경하여 적용합니다.

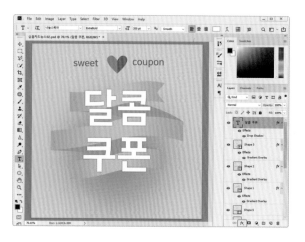

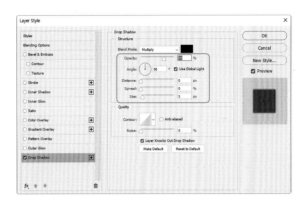

- Opacity : 70%
- Angle : 90
- Distance : 0px
- Spread : 0%
- Size : 5px

알고 갑시다! Drop Shadow

- Blend Mode : 배경과의 혼합 모드를 선택합니다.
- Opacity : 그림자의 불투명도를 설정합니다. 0%에 가까울수록 투명해집니다.
- Angle : 그림자의 방향을 설정합니다.
- Distance : 오브젝트와 그림자의 거리를 설정합니다.
- Spread : 그림자의 주위가 퍼지는 정도를 설정합니다. 수치가 높을수록 경계선이 선명해지고 그림자의 영역이 확장됩니다.
- Size : 그림자의 크기를 설정합니다. 수치가 높을수록 자연스럽게 번지는 효과를 줍니다.

▲ Drop Shadow 적용 전

▲ Drop Shadow 적용 후

사각형을 그리기 위해 [Tool] 패널 –
[Rectangle Tool(■)]을 선택합니다. 작업 화
면 위에 클릭&드래그하여 'ㄹ'이 덮이도록
사각형을 그려줍니다.

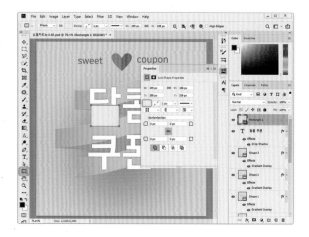

사각형 색상은 'f7f5db'로 지정합니다.

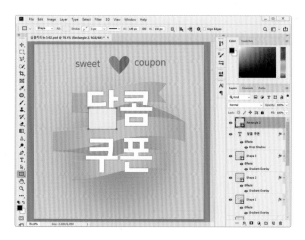

도형의 일부분만 화면에 보이게 하기 위해
메뉴에서 [Layer]–[Create Clipping Mask]를
선택하면 사각형이 'ㄹ' 영역에만 표시되는
것을 확인할 수 있습니다.

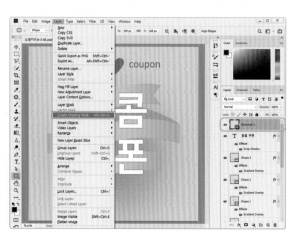

위와 같은 방법으로 'f6ecd8' 색상의 사각형을
그려 'ㅍ'에 클리핑 마스크를 적용시킵니다.

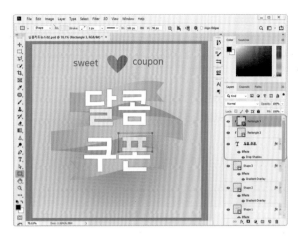

문자를 입력하기 위해 [Tool] 패널 – [Horizontal
Type Tool(T)]을 선택하여 하단에 문구를 작
성합니다.

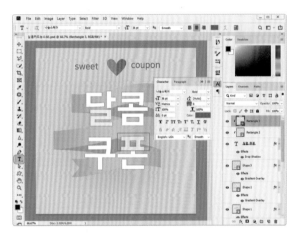

- 내용 : 2배로 행복해지는 시간!
- 글꼴 : 나눔스퀘어 Bold
- 크기 : 36pt
- Color : 897363

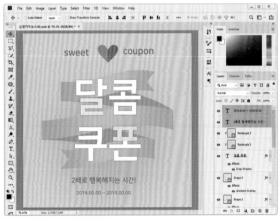

- 내용 : 2019.00.00 ~ 2019.00.00
- 글꼴 : 나눔스퀘어 Bold
- 크기 : 24pt
- Color : 897363

원형을 그리기 위해 [Tool] 패널 – [Ellipse Tool(●)]을 선택합니다. 작업 화면 위에 원형을 그리고 색상을 '949494'로 지정합니다.

원형에 그라데이션 효과로 입체적인 느낌을 넣기 위해 [Layers] 패널–[Layer Style(*fx*)]–[Gradient Overlay]를 선택합니다.

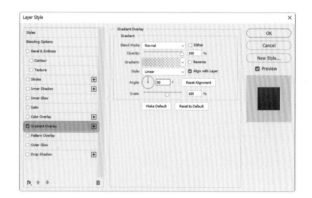

[Layer Style] 대화상자가 실행되면 'Gradient'를 클릭하여 [Gradient Editor] 대화상자를 실행시키고 Gradient 색상을 변경합니다.

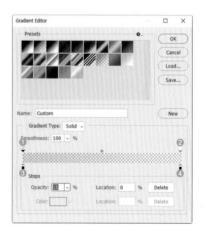

❶ Stops – Opacity : 15% / Location : 0%
❷ Stops – Opacity : 0% / Location : 100%
❸ Stops – Color : #000000 / Location : 0%
❹ Stops – Color : #000000 / Location : 100%

[Tool] 패널 - [Horizontal Type Tool(T)]
을 선택하여 작업 화면 위에 클릭하여 문자
를 입력합니다. 문자 입력이 끝나면 Ctrl +
Enter 를 눌러 작업을 완료합니다.

- 내용 : Go
- 글꼴 : 나눔스퀘어 Bold
- 크기 : 48pt
- Color : ffffff

STEP 08 저장하기

포토샵에 파일을 저장하기 위해 메뉴에
서 [File]-[Save]를 선택하여 포토샵 파일
(*.psd)을 원하는 위치에 저장합니다(단축
키 : Ctrl + S).

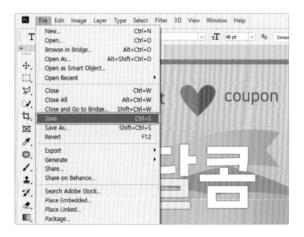

웹용 이미지 파일을 저장하기 위해 메뉴에서 [File]-[Export]-[Save for web]를 선택하여 이미지 파일(*.jpg)을 저장합니다(단축키 : [Alt]+[Shift]+[Ctrl]+[S]).

[Save for Web] 대화상자가 화면에 표시되면 이미지 저장 옵션을 변경한 후 우측 하단에 [Save] 버튼을 클릭하여 포토샵 파일과 같은 위치에 저장합니다.

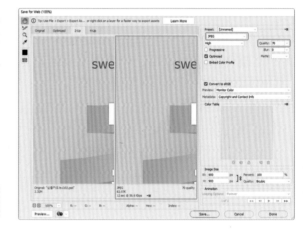

- 파일 형식 : JPEG
- Quality : 70

03 SECTION 블러를 이용한 카드뉴스 디자인

배경에 이미지를 뿌옇게 흐려지는 효과를 넣어 간단하게 만드는 심플형 카드뉴스를 만들어 보겠습니다.

예제 파일
- 심플카드뉴스03
- 노트북

사이즈
- 정사각형 카드뉴스 템플릿 사이즈(900×900px)

폰트
- 나눔스퀘어 Regular
- 나눔스퀘어 Bold
- 빙그레 따옴체 Bold

주요 기능
- 이미지 삽입하기(Place Embedded)
- 흑백 이미지 만들기(Gradient Map)
- 흐림 효과 적용하기(Gaussian Blur)
- 문자 및 도형에 그라데이션 넣기(Layer Style)

[File]−[New]를 선택하여 새로운 작업 파일
을 만들어 줍니다(단축키: Ctrl + N).

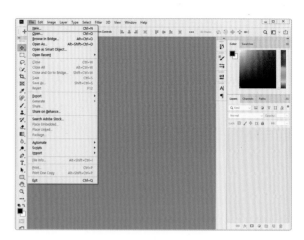

- 파일 이름 : 심플카드뉴스03
- Width(가로 사이즈) : 900 Pixels
- Height(세로 사이즈) : 900 Pixels
- Resolution(해상도) : 72 Pixels/Inch
- Color Mode(색상 모드) : RGB Color
- Background Contents(배경) : White

이미지를 삽입하기 위해 메뉴에서 [File]−
[Place Embedded]를 선택합니다. 대화상자
가 열리면 예제 이미지 파일 '노트북'을 선택
한 후 [Place] 버튼을 클릭합니다.

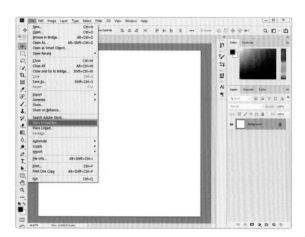

작업 파일 위에 X자 모양의 바운딩 박스가
표시된 이미지가 삽입됩니다. 이미지의 네
모서리에 조절점을 드래그하여 원하는 크기
로 조정한 후 Enter 를 누릅니다.

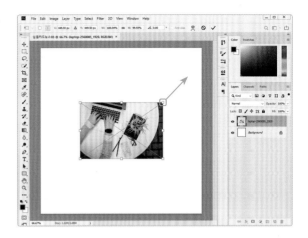

이때 Alt 를 누른 채 조절점을 드래그하면
이미지의 중앙을 기준으로 사이즈를 조정할
수 있습니다.

이미지에 흐림 효과를 넣기 위해 메뉴에서
[Filter]-[Blur]-[Gaussian Blur]를 선택합니다.

[Gaussian Blur] 대화상자가 실행되면
'Radius' 값에 7px을 입력하여 흐림 효과를
적용합니다.

▲ Gaussian Blur 적용 전

▲ Gaussian Blur 7px

배경 이미지를 반투명하게 처리하기 위해
[Layer] 패널에 'Opacity' 값을 '50%'로 변경
합니다.

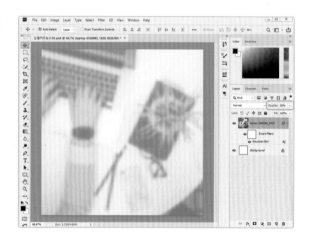

[Layers] 패널 – [Adjustment layer(⬤)] – [Grandient Map]를 선택하여 조정 레이어를 추가합니다.

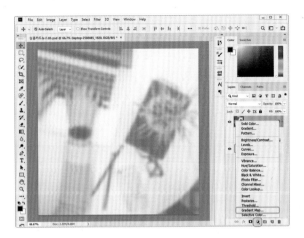

Grandient Map Layer를 추가하면 [Properties] 패널이 활성화되어 조정 레이어의 옵션 값을 변경할 수 있습니다. 새로운 Layer를 만들어 조정하므로 원본은 변하지 않습니다.

'Click to edit the gradient' 부분을 클릭해 [Gradient Editor] 대화상자를 열어줍니다. 그라데이션이 다른 색상으로 지정되어 있다면 Presets에서 'Black, White'로 선택합니다.

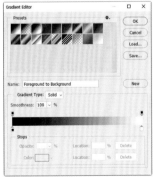

[Tool] 패널 – [Horizontal Type Tool(**T**)]을 선택하여 문자를 입력합니다.

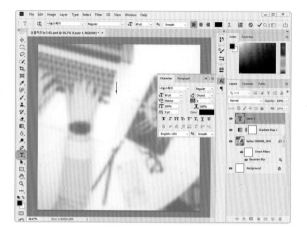

- 내용 : SNS에 입소문 내면
- 글꼴 : 나눔스퀘어 Regular
- 크기 : 60pt

문자에 그라데이션 효과를 넣기 위해 [Layers] 패널 – [Layer Style(**fx**)] – [Gradient Overlay]를 선택합니다.

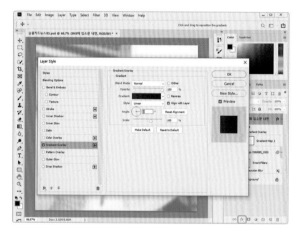

[Layer Style] 대화상자가 실행되면 'Gradient' 를 클릭하여 [Gradient Editor] 대화상자를 열어 Gradient 색상을 변경합니다.

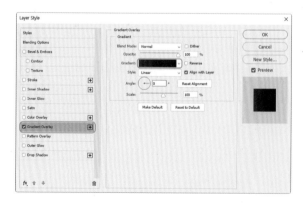

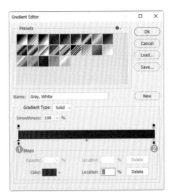

[Tool] 패널 – [Rectangle Tool(▬)]을 선택
하여 도형을 그립니다.

• Width : 800px
• Height : 150px

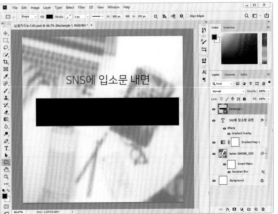

[Tool] 패널 – [Horizontal Type Tool(T)]을 선택하여 문자를 입력합니다.

- 내용 : 무선 청소기가 0원
- 글꼴 : 빙그레 따옴체 Bold
- Color : ffffff
- 크기 : 200pt

둥근 사각형을 그리기 위해 [Tool] 패널 – [Rounded Rectangle Tool(▣)]을 선택하여 도형을 그립니다.

- Width : 600px
- Height : 80px
- Radii : 40px

둥근 사각형이 그려지면 [Layer] 패널에 'Rounded Rectangle 1' 레이어가 자동으로 생성되며 [Properties] 패널이 활성화되어 도형의 옵션 변경이 가능합니다.

[Properties] 패널에서 'Shape fill type'을 클릭해 색상을 '#ffffff'으로 지정합니다. 'Shape stroke type'을 클릭해 색상을 '#7030a0'으로 지정하고, 'Shape stroke width'는 3px로 지정합니다.

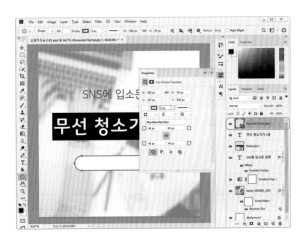

문자를 입력하기 위해 [Tool] 패널 – [Horizontal Type Tool(T)]을 선택하여 문자를 입력합니다.

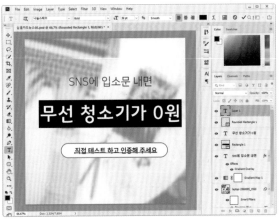

- 내용 : 직접 테스트 하고 인증해 주세요
- 글꼴 : 나눔스퀘어 Bold
- 크기 : 36pt

배경을 기준으로 레이어를 정렬시키기 위해 [Layer] 패널에서 'Background' 레이어, 'SNS에 입소문 내면' 문자 레이어, '무선 청소기가 0원' 문자 레이어, '직접 테스트 하고 인증해 주세요' 문자 레이어를 다중 선택한 후 [Tool] 패널 – [Move Tool(✛)]을 선택합니다.

[Move Tool(✛)]의 [옵션 바]에서 다중 선택한 레이어의 정렬 방식 선택이 가능합니다. 'Align horizontal centers(✚)'을 선택하면 'Background' 레이어를 기준으로 가로 방향 가운데 정렬됩니다.

가로 방향 가운데 정렬이 되면, [Move Tool (✛)]로 각각의 높이를 맞춰줍니다.

레이어 스타일을 복사하기 위해 'SNS에 입소문 내면' 문자 레이어에 'Gradient Overlay'가 적용된 것을 확인할 수 있습니다. Alt 를 누른 채 'Effects'를 클릭하여 'Rectangle 1' 레이어에 드래그&드롭시키면 'Gradient Overlay'를 복사할 수 있습니다. 동일한 방법으로 '직접 테스트 하고 인증해 주세요' 문자 레이어 'Gradient Overlay'를 적용시킵니다.

[Tool] 패널 – [Horizontal Type Tool(**T**)]을 선택하여 문자를 입력합니다.

- 내용 : #로망템
  #리뷰어
  #미세먼지
  #인증단
- 글꼴 : 나눔스퀘어 Bold
- Color : 000000
- 크기 : 36pt

[Character] 패널 오른쪽 화면에 위치한 [Paragragh] 패널에서 문자의 정렬 방식을 선택할 수 있습니다. 문자의 정렬 방식을 'Right align text'를 선택해 오른쪽 정렬로 변경합니다.

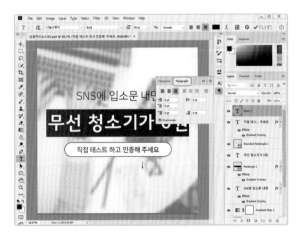

작업이 완료되면 포토샵 파일(*.psd)과 웹
용 이미지 파일(*.jpg)을 저장합니다.

04 SECTION
패턴과 블렌딩 모드를 활용한 카드뉴스 디자인

배경 이미지에 패턴과 블렌딩 모드를 활용하여 간단하게 심플형 카드뉴스를 만들어 보겠습니다.

예제 파일
- 심플카드뉴스04
- 쌍둥이

사이즈
- 정사각형 카드뉴스 템플릿 사이즈(900×900px)

폰트
- 여기어때잘난서체
- 나눔스퀘어 Bold

주요 기능
- 이미지 삽입하기(Place Embedded)
- 불투명도 조절하기(Opacity)
- 배경에 패턴 넣기(Define Pattern)
- 문자에 그라데이션 및 선 넣기(Layer Style)
- 펜으로 자유 도형 그리기(Pen Tool)

STEP 01 새로만들기

[File]-[New]를 선택하여 새로운 작업 파일
을 만들어 줍니다(단축키: Ctrl + N).

- 파일 이름 : 심플카드뉴스04
- Width(가로 사이즈) : 900 Pixels
- Height(세로 사이즈) : 900 Pixels
- Resolution(해상도) : 72 Pixels/Inch
- Color Mode(색상 모드) : RGB Color
- Background Contents(배경) : White

STEP 02 배경 이미지 넣고 배경색으로 집중 효과 주기

[File]-[Place Embedded]을 선택하여 '쌍둥
이' 이미지를 삽입합니다.

배경에 단색을 채우기 위해 [Layers] 패널 –
[Adjustment layer(⬤)] – [Solid Color]를 선
택하여 조정 레이어를 추가합니다.

'Color Fill' 레이어가 추가되면서 색상을 선
택할 수 있는 [Color Picker] 대화상자에서
색상코드 입력란에 '826029'를 입력하여 연
한 갈색을 선택합니다.

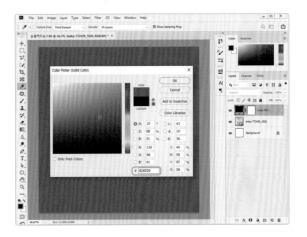

화면에 일부분만 지우기 위해 'Color Fill 1'
레이어가 추가되면 레이어 섬네일에서 마스
크 영역을 선택합니다.

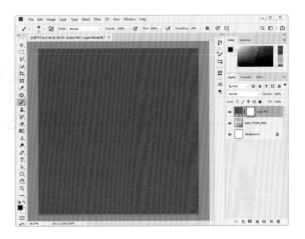

[Tool] 패널 − [Brush Tool(✎)]을 선택합니다. [옵션 바]에 'Brush Preset picker'를 클릭하면 브러시의 모양과 크기를 설정할 수 있습니다.

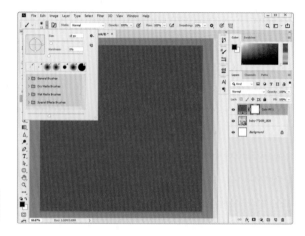

- Size : 1000px
- Hardness : 0%

알고 갑시다! Brush Preset picker

- Size : 브러시의 크기를 설정합니다. 0~5000px까지 설정 가능합니다 (단축키 : [[](작게), []](크게)).
- Hardness : 브러시 경계의 단단하기를 설정합니다. 0%에 가까울수록 경계선이 부드럽게 번져서 표현되고, 100%에 가까울수록 단단한 형태로 깔끔하게 표현됩니다.

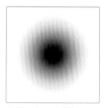

▲ Hardness 0%

▲ Hardness 100%

Brush Tool을 선택하면 화면에 브러시의 모양과 크기가 표시됩니다. 이때 [[]와, []]로도 사이즈 조절이 가능합니다.

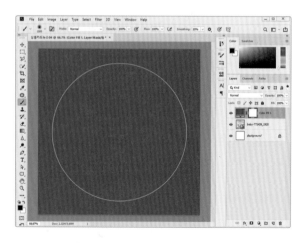

크기를 확인하고 작업 화면을 클릭하면 화면의 중앙이 지워지면서 하위 레이어에 이미지가 비춰보이게 됩니다.

▲ Layer Mask 비교 화면

배경색의 불투명도를 조절하기 위해 [Layer] 패널 Opacity 값을 30%로 낮춥니다.

패턴으로 새로운 작업 파일을 만들기 위해 [File]−[New]를 선택하여 새로운 작업 파일을 만들어 줍니다(단축키: Ctrl + N).

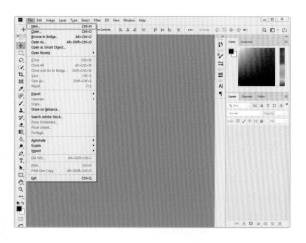

- 파일 이름 : pattern
- Width(가로 사이즈) : 100 Pixels
- Height(세로 사이즈) : 100 Pixels
- Resolution(해상도) : 72 Pixels/Inch
- Color Mode(색상 모드) : RGB Color
- Background Contents(배경) : White

직사각형을 그리기 위해 [Tool] 패널 − [Rectangle Tool(■)]을 선택하여 도형을 그립니다.

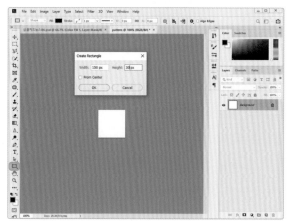

- Width : 150px
- Height : 30px

사각형을 그린 후 보기 배율을 변경해 화면을 크게 확대합니다(단축키 : Ctrl + + / -).

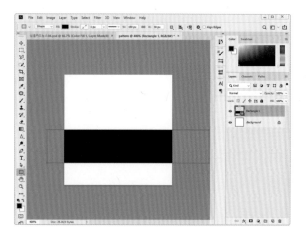

대각선을 만들기 위해 메뉴에서 [Edit]-
[Free Transform]을 선택합니다.

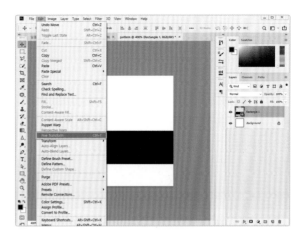

[Free Transform]이 실행되면 작업 화면에
바운딩 박스가 표시됩니다.

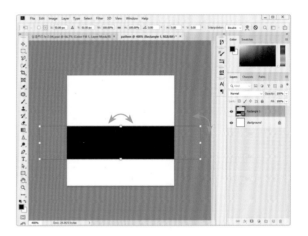

바운딩 박스 주변에 마우스를 가져가면 곡
선 형태의 양방향 화살표(↱ 또는 ↰)가 표
시됩니다. 이때 마우스를 이용해 회전이 가
능합니다. 45도 회전시켜 대각선으로 변형
시킵니다(Shift를 누르고 회전하면 15도씩
맞춰 회전됩니다).

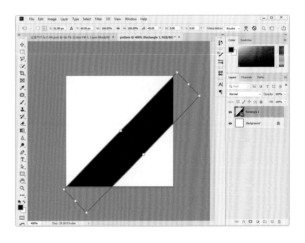

[Tool] 패널 – [Move Tool]을 선택한 후 **Alt**를 누른 채 드래그하여 대각선 반대편에 복사합니다. [Rectangle Tool(■)]의 옵션 중 'Fill'을 클릭하면 도형의 채우기 타입과 색상을 변경할 수 있습니다. 만들어둔 두 개의 대각형을 흰색(#ffffff)으로 바꿉니다.

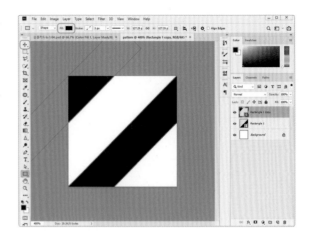

패턴을 등록하기 위해 [Layer] 패널에서 'Background' 레이어의 눈(◉)을 꺼서 화면에서 숨겨둡니다.

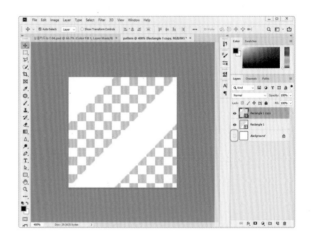

메뉴에서 [Edit]–[Define Pattern]을 선택하면 패턴 등록을 할 수 있습니다.

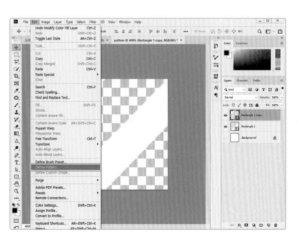

패턴의 이름을 지정하고 [OK] 버튼을 눌러
저장합니다.

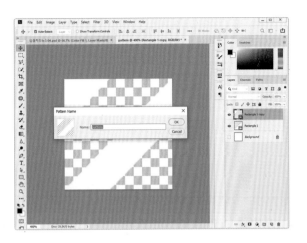

패턴을 적용하기 위해 심플카드뉴스04
작업 화면으로 돌아와 [Layers] 패널 –
[Adjustment layer(●)] – [Pattern]를 선택하
여 조정 레이어를 추가합니다.

패턴을 합성하기 위해 [Layer] 패널에서
'Blanding mode'를 'Soft Light'로 변경하고
Opacity 값을 30%로 변경합니다.

레이어 마스크를 복사하기 위해 [Layer] 패
널에서 'Color Fill 1' 레이어의 마스크 영역
을 'Pattern Fill 1' 레이어의 마스크 영역으로
Alt 를 누른 채 드래그하면 레이어 마스크를
복사할 수 있습니다.

▲ 패턴 배경 적용 전

▲ 패턴 배경 적용 후

[Tool] 패널 – [Pen Tool(✐)]을 선택한 후
Pick tool mode를 'Shape'로 변경합니다.

클릭과 클릭&드래그를 반복하여 리본 모양
을 완성합니다. 화면을 확대해 놓고 작업하
면 세밀한 작업이 가능합니다(단축키 : Ctrl
+ + / -).

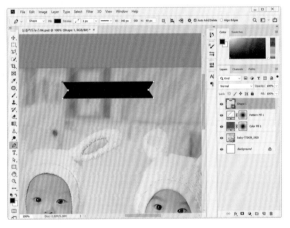

도형에 그라데이션 효과를 넣기 위해
[Layers] 패널에서 'Shape 1' 레이어를 선택
한 후 [Layers] 패널 – [Layer Style(fx)] –
[Gradient Overlay]를 선택합니다.

[Layer Style] 대화상자가 실행되면 'Gradient'를 클릭하여 [Gradient Editor] 대화상자를 실행시키고 Gradient 색상을 변경합니다.

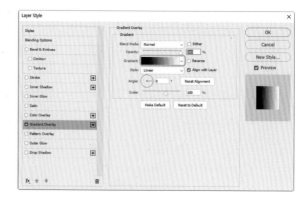

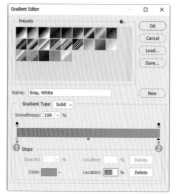

❶ Stops – Color : #f37eaa / Location : 0%
❷ Stops – Color : #f3a27e / Location : 100%

[Tool] 패널 − [Horizontal Type Tool(**T**)]을
선택하여 문자를 입력합니다.

- 내용 : 육아는 아이템!
- 글꼴 : 여기어때잘난체
- Color : ffffff
- 크기 : 36pt

위와 동일한 방법으로 나머지 문구를 입력
합니다.

- 내용 : 육아가 쉬워지는 만능 아이템
- 글꼴 : 여기어때잘난체
- Color : ffffff
- 크기 : 60pt

문자에 그라데이션 효과를 넣기 위해 [Layers]
패널 – [Layer Style(*fx*)] – [Gradient Overlay]
를 선택하여 위의 리본과 같은 방법으로 문
자에 그라데이션 효과를 적용합니다.

[Layers] 패널 – [Layer Style(*fx*)] – [Stroke]
를 클릭하여 외곽선을 추가합니다.

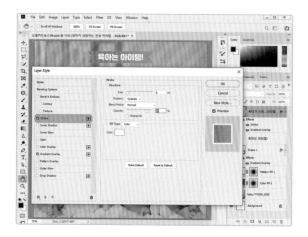

- Size : 5px
- Position : Outside
- Opacity : 80%
- Fill Type : Color
- Color : #ffffff

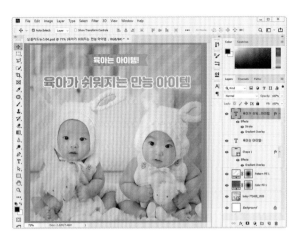

[Tool] 패널 – [Horizontal Type Tool(T)]을
선택하여 문자를 입력합니다.

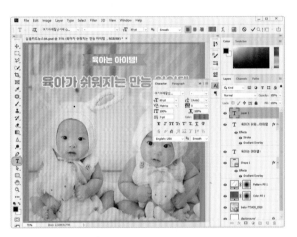

- 내용 : 유아용품 추천 리스트
- 글꼴 : 여기어때잘난체
- Color : f35a90
- 크기 : 60pt

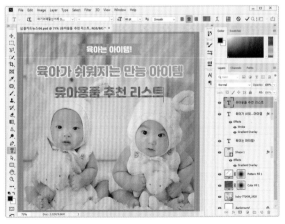

사각형을 그리기 위해 [Tool] 패널 – [Rectangle Tool()]을 선택하여 도형을 그립니다.

- Shape fill type : #f4d7e1

사각형이 문구 아래로 위치할 수 있도록 'Rectangle 2' 레이어를 '유아용품 추천 리스트' 문자 레이어 아래로 드래그해서 순서를 변경합니다.

말풍선을 그리기 위해 [Tool] 패널 – [Pen
Tool(✏)]을 선택한 후 Pick tool mode를
'Shape'로 변경합니다. 말풍선의 모서리부
분을 클릭하며 말풍선 모양을 완성합니다.

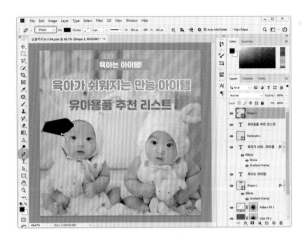

말풍선을 그린 후 'Shape fill type'을 클릭해
색상을 '#feffbc'으로 지정합니다.

위와 동일한 방법으로 나머지 말풍선을 그
려 작업을 완료합니다.

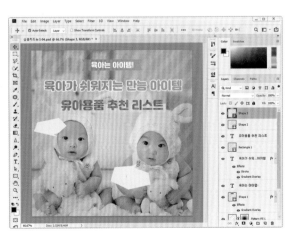

[Tool] 패널 – [Horizontal Type Tool(T)]을
선택하여 문자를 입력합니다.

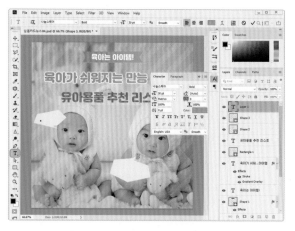

- 내용 : #쇼핑찬스, #입소문 육아템
- 글꼴 : 나눔스퀘어 Bold
- 크기 : 30pt
- Color : ee93b3

작업이 완료되면 포토샵 파일(*.psd)과 웹
용 이미지 파일(*.jpg)을 저장합니다.

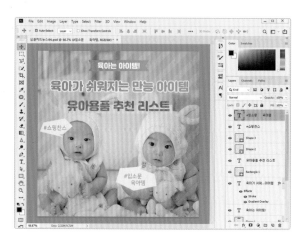

응용형 카드뉴스 디자인 ①

표지와 내용으로 구성되어 있으며, 이미지 합성과 그라데이션을 활용하여 정보 전달을 목적으로 하는 카드뉴스를 제작해보겠습니다.

예제 파일
- 카드뉴스01-1, 카드뉴스01-2, 카드뉴스01-3
- 커피01, 커피02, 커피03, 커피04

사이즈
- 정사각형 카드뉴스 템플릿 사이즈(900×900px)

폰트
- 나눔명조 Regular
- 나눔고딕 Regular
- 나눔고딕 ExtraBold

주요 기능
- 이미지 삽입하기(Place Embedded)
- 이미지 합성하기(Layer Mask)
- 이미지에 그라데이션 효과 넣기(Gradient Tool)
- 문자에 그림자 넣기(Layer Style)
- 도형 그리기(Rectangle Tool)

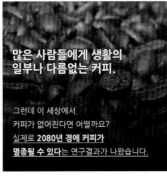

[File]−[New]를 선택하여 새로운 작업 파일
을 만들어 줍니다(단축키: Ctrl + N).

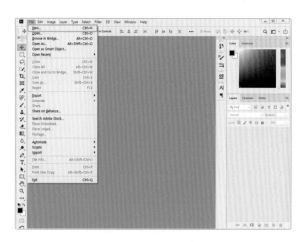

- 파일 이름 : 카드뉴스01
- Width(가로 사이즈) : 900 Pixels
- Height(세로 사이즈) : 900 Pixels
- Resolution(해상도) : 72 Pixels/Inch
- Color Mode(색상 모드) : RGB Color
- Background Contents(배경) : White

이미지를 삽입하기 위해 [File]−[Place
Embedded]를 선택합니다. '커피01'을 선택
한 후 [Place] 버튼을 클릭하고, 이미지의 네
모서리에 조절점을 드래그하여 원하는 크기
로 조정한 후 완료합니다.

위와 같은 방법으로 '커피02'를 삽입합니다.

화면에 일부분만 지우기 위해 [Layers] 패널
– [Add layer mask(●)]를 선택해서 '코스
모스' 레이어에 레이어 마스크가 추가되면
레이어 섬네일에서 마스크 영역을 선택합니
다. [Tool] 패널 – [Brush Tool(✎)]을 선택
하여 '커피02' 이미지의 아래쪽을 검은색으
로 칠하면 화면에서 지운 것처럼 가려지는
것을 볼 수 있습니다.

배경에 그라데이션 효과를 넣기 위해
[Layers] 패널 – [Create a new layer(▣)]을
선택하여 새 레이어를 추가합니다. [Tool]
패널 – [Gradient Tool(▬)]을 선택하고 [옵
션 바] – [Edit the gradient]를 클릭합니다.

[Gradient Editor] 대화상자가 생성되면
Gradient 색상을 변경합니다.

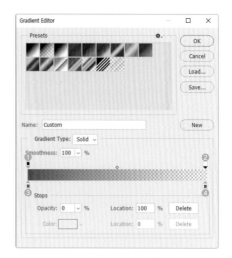

① Stops – Opacity : 100% / Location : 0%
② Stops – Opacity : 0% / Location : 100%
③ Stops – Color : #89542a / Location : 0%
④ Stops – Color : #89542a / Location : 100%

위에서 아래 방향으로 클릭&드래그하여 그
라데이션을 그려줍니다. [Shift]를 누른 채
드래그하면 수직/수평 방향의 그라데이션
을 그릴 수 있습니다.

[Tool] 패널 – [Horizontal Type Tool(T)]을
선택하여 문자를 입력합니다.

- 내용 : 커피가 사라진다?
- 글꼴 : 나눔고딕 ExtraBold
- 크기 : 120pt
- Color : ffffff

문자에 그림자 효과를 넣기 위해 [Layers]
패널 – [Layer Style(fx)] – [Drop Shadow]
를 선택합니다. 그림자가 중앙에서 퍼져나
갈 수 있도록 옵션을 변경하여 적용합니다.

Blending Options...

Bevel & Emboss...
Stroke...
Inner Shadow...
Inner Glow...
Satin...
Color Overlay...
Gradient Overlay...
Pattern Overlay...
Outer Glow...
Drop Shadow...

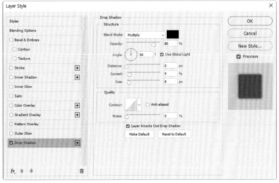

- Opacity : 80%
- Angle : 90
- Distance : 0px
- Spread : 0%
- Size : 8px

[Tool] 패널 – [Horizontal Type Tool(**T**)]을
선택하여 문자를 입력합니다.

- 내용 : 기후변화가 가져온 커피의 멸종위기
- 글꼴 : 나눔명조 Regular
- 크기 : 48pt
- 행간 : 72pt
- Color : 000000

사각형을 그리기 위해 [Tool] 패널 –
[Rectangle Tool(▬)]을 선택하여 도형을 그
립니다.

[Layers] 패널에서 'Rectangle 1' 레이어가 '기
후변화가...' 문자 레이어 아래쪽으로 위치
하도록 순서를 변경합니다.

위와 동일한 방법으로 문자 레이어 아래에
사각형을 그려줍니다.

[File]−[Place Embedded]를 선택하여 '커피 03' 이미지를 삽입합니다.

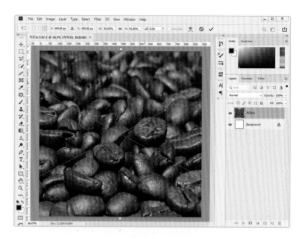

배경에 그라데이션 효과를 넣기 위해 [Layers] 패널 − [Create a new layer(▢)]을 선택하여 새 레이어를 추가합니다. [Tool] 패널 − [Gradient Tool(▨)]을 선택하고 [옵션 바] − [Edit the gradient]를 클릭합니다.

[Gradient Editor] 대화상자가 생성되면 Gradient 색상을 변경합니다.

❶ Stops − Opacity : 100% / Location : 0%
❷ Stops − Opacity : 0% / Location : 100%
❸ Stops − Color : #000000 / Location : 0%
❹ Stops − Color : #000000 / Location : 100%

아래에서 위 방향으로 클릭&드래그하여 그
라데이션을 그려줍니다. Shift 를 누른 채
드래그하면 수직/수평 방향의 그라데이션
을 그릴 수 있습니다.

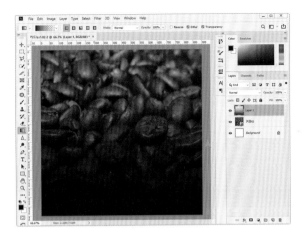

[Tool] 패널 – [Horizontal Type Tool(T)]을
선택하여 문자를 입력합니다.

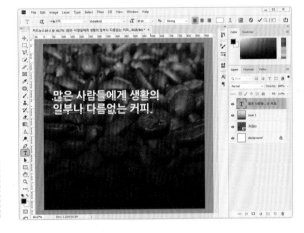

- 내용 : 많은 사람들에게 생활의 일부나 다름 없는 커피.
- 글꼴 : 나눔고딕 ExtraBold
- 크기 : 60pt
- Color : ffffff

문자에 그림자 효과를 넣기 위해 [Layers]
패널 – [Layer Style(fx)] – [Drop Shadow]
를 선택합니다. 그림자가 중앙에서 퍼져나
갈 수 있도록 옵션을 변경하여 적용합니다.

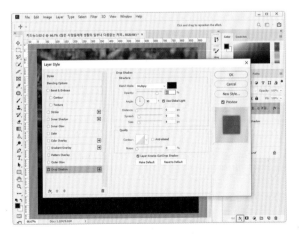

- Opacity : 80%
- Angle : 90
- Distance : 0px
- Spread : 0%
- Size : 8px

[Tool] 패널 – [Horizontal Type Tool(T)]을
선택하여 문자를 입력합니다.

- 내용 : 그런데 이 세상에서 커피가 없어진다면 어떨까요?
         실제로 2080년 경에 커피가 멸종될 수 있다는 연구결과
         가 나왔습니다.
- 글꼴 : 나눔고딕 Regular
- 크기 : 42pt
- 행간 : 72pt
- Color : ffffff

문자의 일부분을 수정하기 위해 변경하고
자 하는 내용을 마우스로 블록 지정하고,
[Character] 패널에서 문자의 옵션을 변경합
니다. 'Underline'를 선택하면 문자에 밑줄을
넣을 수 있습니다.

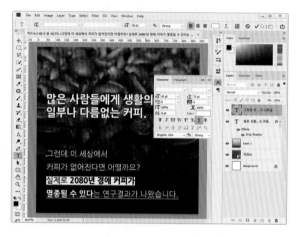

위와 동일한 방법으로 카드뉴스를 완성해봅
니다.

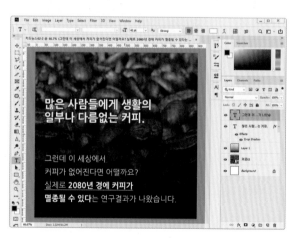

06

응용형 카드뉴스 디자인 ②

표지, 제목, 내용으로 구성되어 있으며, 배경 이미지와 도형을 활용하여 정보 전달과 제품 홍보를 목적으로 하는 카드뉴스를 제작해보겠습니다.

예제 파일
- 카드뉴스02-1, 카드뉴스02-2, 카드뉴스02-3
- 아기01, 아기02, 비누

사이즈
- 정사각형 카드뉴스 템플릿 사이즈(900×900px)

폰트
- 여기어때잘난체
- 나눔스퀘어 Bold

주요 기능
- 이미지 삽입하기(Place Embedded)
- 이미지 합성하기(Screen, Layer Mask)
- 불투명도 조절하기(Opacity)
- 문자에 외곽선(Layer Style)

[File]-[New]를 선택하여 새로운 작업 파일
을 만들어 줍니다(단축키: Ctrl + N).

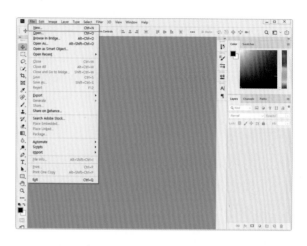

- 파일 이름 : 카드뉴스02
- Width(가로 사이즈) : 900 Pixels
- Height(세로 사이즈) : 900 Pixels
- Resolution(해상도) : 72 Pixels/Inch
- Color Mode(색상 모드) : RGB Color
- Background Contents(배경) : White

[File]-[Place Embedded]를 선택하여 '아기
02' 이미지를 삽입합니다.

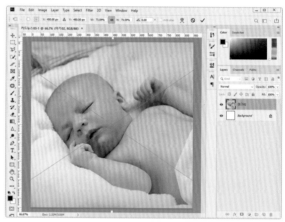

[Tool] 패널 - [Move Tool(✛)]을 선택하여
이미지의 위치를 조정합니다.

'아기02' 레이어를 선택한 상태에서 [Layer]
– [Duplicate Layer] 메뉴를 선택하면 대화
상자가 열리고, 레이어의 이름을 지정해 복
사할 수 있습니다(단축키 : Ctrl + J).

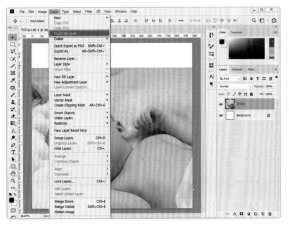

이미지에 혼합 모드를 설정해 화사하게 만
들기 위해 '아기02 copy' 레이어를 선택한
상태에서 [Layers] 패널 – [Blending Mode]
를 'Screen'으로 변경하면 '침실' 레이어와
합성되면서 이미지가 밝아지는 것을 볼 수
있습니다. 'Screen' 효과를 조정하기 위해
'Opacity' 값을 60%로 조정합니다.

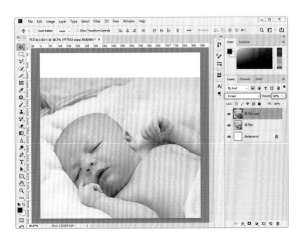

배경에 그라데이션 효과를 넣기 위해 [Layers] 패널 – [Create a new layer(🔲)]을 선택하여 새 레이어를 추가합니다. [Tool] 패널 – [Gradient Tool(⬛)]을 선택하고 [옵션 바] – [Edit the gradient]를 클릭합니다.

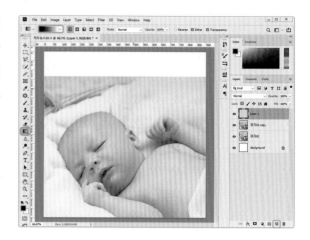

[Gradient Editor] 대화상자가 생성되면 투명해지는 흰색 그라데이션 색상을 선택합니다.

❶ Stops – Opacity : 100% / Location : 0%
❷ Stops – Opacity : 0% / Location : 100%
❸ Stops – Color : #ffffff / Location : 0%
❹ Stops – Color : #ffffff / Location : 100%

위에서 아래 방향으로 클릭&드래그하여 화면의 중간 위치까지 그라데이션을 그려줍니다. Shift 를 누른 채 드래그하면 수직/수평 방향의 그라데이션을 그릴 수 있습니다.

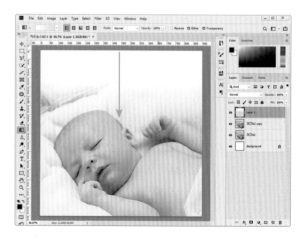

[Tool] 패널 – [Horizontal Type Tool(T)]을
선택하여 문자를 입력합니다.

- 내용 : 아토피에 좋은 우리 아기 목욕법
- 글꼴 : 여기어때잘난서체
- 크기 : 90pt
- Color : 6f6f6f

문자의 일부분을 수정하기 위해 변경하고
자 하는 내용을 마우스로 블록 지정하고,
[Character] 패널에서 문자의 옵션을 변경합
니다. 'Color'를 선택하여 색상을 변경할 수
있습니다.

- Color : ff9b26

위와 동일한 방법으로 문자의 일부분을 수
정합니다.

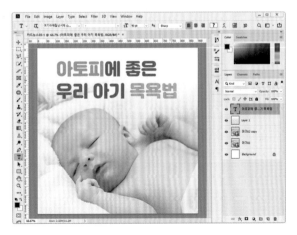

- Color : 9cc251

[File]−[Place Embedded]를 선택하여 '비누' 이미지를 삽입합니다.

'비누' 레이어를 선택한 상태에서 [Layer] − [Duplicate Layer] 메뉴를 선택하면 대화상자가 열리고, 레이어의 이름을 지정해 복사할 수 있습니다(단축키 : Ctrl + J).

이미지에 혼합 모드를 설정해 화사하게 만들기 위해 '비누 copy' 레이어를 선택한 상태에서 [Layers] 패널 − [Blending Mode]를 'Screen'으로 변경하고 'Opacity' 값을 60%로 조정합니다.

배경에 그라데이션 효과를 넣기 위해 [Layers] 패널 − [Create a new layer(🔲)]을 선택하여 새 레이어를 추가합니다. [Tool] 패널 − [Gradient Tool(▥)]을 선택하고 [옵션 바] − [Edit the gradient]를 클릭합니다.

[Gradient Editor] 대화상자가 생성되면 투명해지는 흰색 그라데이션 색상을 선택합니다.

❶ Stops − Opacity : 100% / Location : 0%
❷ Stops − Opacity : 0% / Location : 100%
❸ Stops − Color : #ffffff / Location : 0%
❹ Stops − Color : #ffffff / Location : 100%

작업 화면에 위에서 아래 방향으로 클릭&드래그하여 화면의 중간 위치까지 그라데이션을 그려줍니다.

사각형을 그리기 위해 [Tool] 패널 –
[Rectangle Tool(■)]을 선택하여 도형을 그
립니다.

- Color : 839505

불투명도를 조정하기 위해 [Layers] 패널에
서 'Opacity' 값을 60%로 조절하여 반투명한
효과를 적용합니다.

[Tool] 패널 – [Horizontal Type Tool(T)]을
선택하여 문자를 입력합니다.

- 내용 : 어떻게 목욕하느냐에
  따라 아기의 피부 건강이 달
  라질 수 있다.
- 글꼴 : 나눔스퀘어 Bold
- 크기 : 60pt
- Color : 5d5d5d

Paragraph의 옵션을 'Right align text'로 변경하면 문자를 오른쪽으로 정렬할 수 있습니다. 위와 동일한 방법으로 문자를 입력합니다.

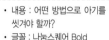

- 내용 : 어떤 방법으로 아기를 씻겨야 할까?
- 글꼴 : 나눔스퀘어 Bold
- 크기 : 90pt
- Color : ffffff

배경을 기준으로 레이어를 정렬시키기 위해 [Layer] 패널에서 '어떤 방법으로…' 문자 레이어와 'Background' 레이어를 다중 선택한 후 [Tool] 패널 – [Move Tool(✛)]을 선택합니다.

[Move Tool(✛)]의 [옵션 바]에서 다중 선택한 레이어의 정렬 방식 선택이 가능합니다. 'Align horizontal centers(✛)'을 선택하면 'Background' 레이어를 기준으로 가로 방향 가운데 정렬됩니다.

[File]-[Place Embedded]를 선택하여 '아기 01' 이미지를 삽입합니다.

레이어 마스크를 이용해 이미지의 일부분을 지우기 위해 '아기01' 레이어를 선택한 상태에서 [Layer] 패널 - [Layer Mask(▢)]를 선택하여 레이어 마스크를 추가합니다.

[Tool] 패널 - [Brush Tool(✎)]을 선택하여 '아기01' 이미지의 아래쪽을 검은색으로 칠하면 화면에서 지운 것처럼 가려지는 것을 볼 수 있습니다.

▲ Layer Mask 적용 전

▲ Layer Mask 적용 후

'아기01' 레이어를 선택한 상태에서 [Layer] − [Duplicate Layer] 메뉴를 선택하여 레이어를 복사합니다(단축키 : Ctrl+J).

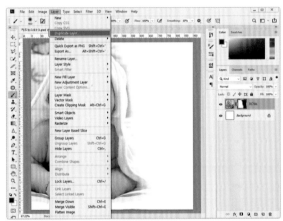

이미지에 혼합 모드를 설정해 화사하게 만들기 위해 '아기01 copy' 레이어를 선택한 상태에서 [Layers] 패널 − [Blending Mode]를 'Screen'으로 변경하고 'Opacity' 값을 60%로 조정합니다.

[Tool] 패널 – [Horizontal Type Tool(T)]을 선택하여 문자를 입력합니다.

- 내용 : 환절기나 겨울철에는 더욱 쉽게 건조해 진다!
- 글꼴 : 나눔스퀘어 Bold
- 크기 : 40pt
- 행간 : 90pt
- Color : 000000

사각형을 그리기 위해 [Tool] 패널 – [Rectangle Tool(▬)]을 선택하여 도형을 그립니다.

- Color : fff15b

레이어의 순서를 바꾸기 위해 위와 같은 방법으로 사각형을 하나 더 그린 후 'Rectangle 1' 레이어와 'Rectangle 2' 레이어를 '환절기나 겨울철…' 문자 레이어 아래로 드래그하여 레이어의 위치를 바꿔줍니다.

[Tool] 패널 - [Horizontal Type Tool(**T**)]을
선택하여 문자를 입력합니다.

- 내용 : 특히 아기들은 성인에
  비해 쉽게 자극 받고 쉽게 피
  부장벽이 무너진다.
- 글꼴 : 나눔스퀘어 Bold
- 크기 : 40pt
- 행간 : 90pt
- Color : 5d5d5d

문자의 일부분을 수정하기 위해 변경하고
자 하는 내용을 마우스로 블록 지정하고,
[Character] 패널에서 문자의 옵션을 변경합
니다.

- 크기 : 72pt
- Color : 63a087

문자에 테두리선을 넣기 위해 [Layers] 패
널 – [Layer Style(*fx*)] – [Stroke]를 선택합
니다.

- Size : 5px
- Position : Outside
- Color : ffffff

07

응용형 카드뉴스 디자인 ③

표지, 제목, 내용으로 구성되어 있으며, 배경 이미지와 제품 사진을 활용하여 정보 전달을 목적으로 카드뉴스를 제작해보겠습니다.

예제 파일
- 카드뉴스03-1, 카드뉴스03-2, 카드뉴스03-3
- 인테리어, 통돌이01, 통돌이02, 통돌이03, 드럼01, 드럼02

사이즈
- 정사각형 카드뉴스 템플릿 사이즈(900×900px)

폰트
- 제주고딕
- 나눔명조 Bold
- 나눔스퀘어 Bold

주요 기능
- 이미지 삽입하기(Place Embedded)
- 이미지 흐림 효과 적용하기(Gaussian Blur)
- 불투명도 조절하기(Opacity)
- 문자에 외곽선과 그림자 넣기(Layer Style)
- 와펜만들기(Polygon Tool)

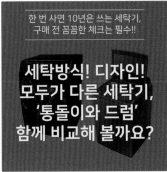

[File]−[New]를 선택하여 새로운 작업 파일
을 만들어 줍니다(단축키: [Ctrl]+[N]).

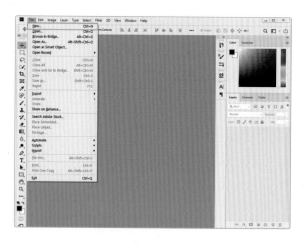

- 파일 이름 : 카드뉴스03
- Width(가로 사이즈) : 900 Pixels
- Height(세로 사이즈) : 900 Pixels
- Resolution(해상도) : 72 Pixels/Inch
- Color Mode(색상 모드) : RGB Color
- Background Contents(배경) : White

[File]−[Place Embedded]를 선택하여 '인테
리어' 이미지를 삽입합니다.

이미지에 흐림 효과를 넣기 위해 메뉴에서
[Filter]−[Blur]−[Gaussian Blur]를 선택합니
다. [Gaussian Blur] 대화상자가 실행되면
'Radius' 값에 5px을 입력하여 흐림 효과를
적용합니다.

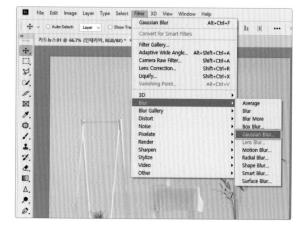

선을 그리기 위해 [Tool] 패널 - [Line Tool (✏)]을 선택한 후 작업 화면을 클릭&드래그하여 선을 그려줍니다. [Shift]를 누른 채 드래그하면 수직/수평의 선을 그릴 수 있습니다. 두 개의 가로 선을 그려줍니다.

color : #000000

[Tool] 패널 - [Horizontal Type Tool(T)]을 선택하여 문자를 입력합니다.

- 내용 : 현명한 당신의 선택은?
- 글꼴 : 나눔명조 Bold
- 크기 : 48pt
- Color : 525252

위와 동일한 방법으로 문자를 입력합니다.

- 내용 : 통돌이
- 글꼴 : 제주고딕
- 크기 : 140pt
- 장평 : 90%
- Color : 689cb7

- 내용 : vs
- 글꼴 : 제주고딕
- 크기 : 90pt
- 장평 : 90%
- Color : 7d7d7d

- 내용 : 드럼
- 글꼴 : 제주고딕
- 크기 : 140pt
- 장평 : 90%
- Color : ec6464

문자에 테두리선을 넣기 위해 [Layers] 패널 – [Layer Style(fx)] – [Stroke]를 선택합니다. [Layer Style] 대화상자가 실행되면 'Stroke'의 옵션을 변경합니다.

- Size : 5px
- Position : Outside
- Color : ffffff

문자에 그림자 효과를 넣기 위해 [Layers] 패널 – [Layer Style(fx)] – [Drop Shadow]를 선택합니다.

- Opacity : 90%
- Distance : 0px
- Size : 10px

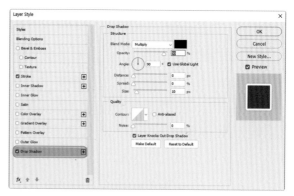

▲ Layer Style 적용 전

▲ Layer Style 적용 후

[File]—[Place Embedded]를 선택하여 '통돌이01' 이미지와 '드럼01' 이미지를 삽입합니다.

그림자 효과를 넣기 위해 [Layers] 패널 — [Create a new layer(⬜)]을 선택하여 새 레이어를 추가합니다. [Tool] 패널 — [Elliptical Marquee Tool(⬭)]을 선택하여 작업 화면에서 가로로 긴 타원모양으로 영역 지정을 합니다.

전경색이 검은색(#000000)인 것을 확인하고 전경색 채우기 단축키(Alt + Delete)로 선택 영역에 검은색으로 칠해 줍니다. 메뉴에서 [Select]—[Deselect]를 선택하여 화면에 지정한 선택 영역을 해제합니다(단축키 : Ctrl + D).

메뉴에서 [Filter]−[Blur]−[Gaussian Blur]를
선택합니다. [Gaussian Blur] 대화상자가 실
행되면 'Radius' 값에 40px을 입력하여 흐림
효과를 적용합니다.

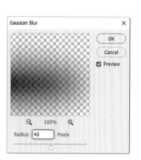

[Tool] 패널 − [Rectangular Marquee Tool( )]
을 선택하여 작업 화면에서 지울 부분(그림
자의 가운데를 기준으로 위쪽)을 영역으로
지정하고 Delete 를 눌러 영역이 선택된 부
분을 지웁니다.

그림자에 혼합 모드를 설정해 자연스럽게 만들기 위해 'Layer 1' 레이어를 선택한 상태에서 [Layers] 패널 – [Blending Mode]를 'Multiply'로 변경하고 'Opacity' 값을 20%로 조정합니다.

STEP 02 제목

[File]–[Place Embedded]를 선택하여 '통돌이02' 이미지와 '드럼02' 이미지를 삽입합니다.

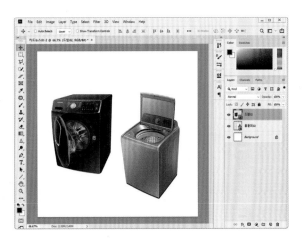

배경에 단색을 넣기 위해 [Layers] 패널 –
[Adjustment layer(◔)] – [Solid Color]를 선
택하여 조정 레이어를 추가합니다.
'Color Fill' 레이어가 추가되면서 색상을 선
택할 수 있는 [Color Picker] 대화상자에서
색상코드 입력란에 '000000'을 입력하여 검
은색을 선택합니다.

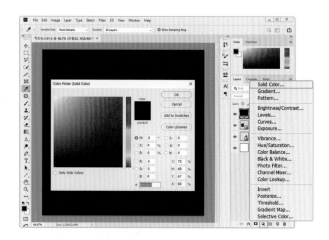

[Layers] 패널에서 'Opacity' 값을 60%로 조
정하여 반투명한 효과를 넣습니다.

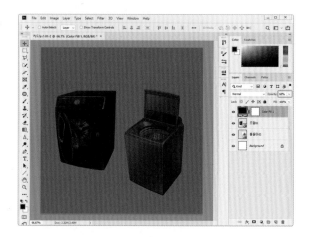

선을 그리기 위해 [Tool] 패널 – [Line Tool
(╱)]을 선택한 후 작업 화면을 클릭&드래그
하여 두 개의 선을 그려줍니다.

color : #ffffff

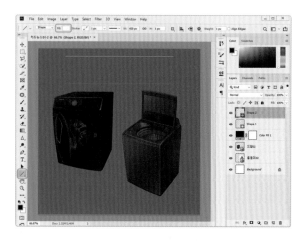

[Tool] 패널 – [Horizontal Type Tool(T)]을
선택하여 문자를 입력합니다.

- 내용 : 한 번 사면 10년은 쓰
  는 세탁기, 구매 전 꼼꼼한 체
  크는 필수!!
- 글꼴 : 나눔스퀘어 Regular
- 크기 : 48pt
- 행간 : 60pt
- Color : ffffff

위와 동일한 방식으로 문자를 입력합니다.

- 내용 : 세탁방식! 디자인! 모
  두가 다른 세탁기, '통돌이와
  드럼' 함께 비교해 볼까요?
- 글꼴 : 나눔스퀘어 ExtraBold
- 크기 : 48pt
- Color : ffffde

문자에 그림자 효과를 넣기 위해 [Layers] 패
널 – [Layer Style(fx)] – [Drop Shadow]를
선택합니다.

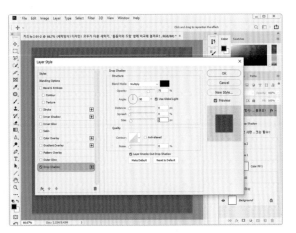

- Opacity : 75%
- Distance : 0px
- Size : 5px

[Layer Style] 대화상자가 실행되면 'Drop Shadow'의 옵션을 변경합니다.

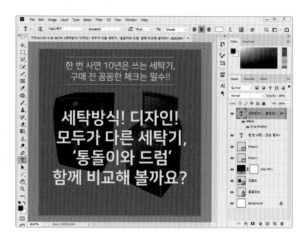

[File]−[Place Embedded]를 선택하여 '통돌이03' 이미지를 삽입합니다.

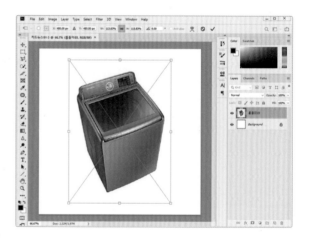

Guide를 꺼내기 위해 작업 화면에 Ruler
(눈금자)를 켜놓으면 Guide(안내선)를 이용
해 화면을 분할할 수 있습니다. 메뉴에서
[View]-[Rulers]를 선택합니다.

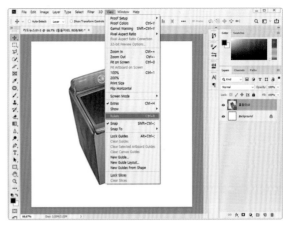

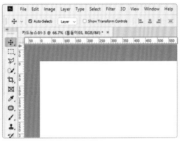

[Tool] 패널 - [Move Tool(✛)]을 선택합니
다. 상단에 있는 Ruler의 중간에 마우스를
클릭하여 아래 방향으로 드래그&드롭하면
화면에 새 Guide가 생성됩니다. Shift 를 누
른 채 드래그하면 픽셀 단위로 Guide를 꺼
낼 수 있습니다.

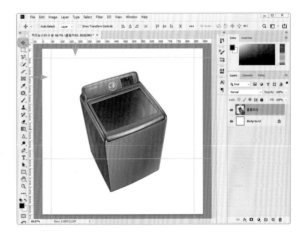

- Guide 가로선 위치 : 50px, 600px
- Guide 세로선 위치 : 50px, 850px

펜을 이용해 자유 도형을 그리기 위해 [Tool] 패널 – [Pen Tool(✏)]을 선택한 후 Pick tool mode를 'Shape'로 변경합니다. 'Fill'을 선택해 'No color'로 지정하고 'Stroke'를 선택해 색상을 '000000'로 선의 굵기를 10px로 지정합니다.

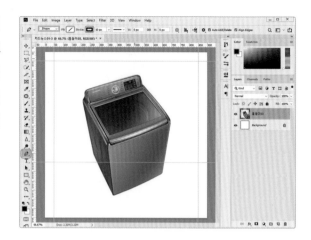

미리 꺼내 놓은 가이드에 맞춰 한쪽 면이 뚫려 있는 사각형을 그립니다.

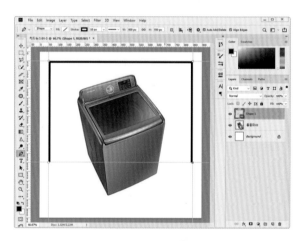

[Tool] 패널 – [Horizontal Type Tool(T)]을 선택하여 문자를 입력합니다.

- 내용 : 통돌이
- 글꼴 : 제주고딕
- 크기 : 120pt
- 장평 : 90%
- Color : fffde3

- 내용 : vs
- 글꼴 : 제주고딕
- 크기 : 90pt
- 장평 : 90%
- Color : ffffff

- 내용 : 드럼
- 글꼴 : 제주고딕
- 크기 : 120pt
- 장평 : 90%
- Color : ffffff

선택 영역을 이용해 문자에 테두리선을 넣기 위해 [Layers] 패널 - [Create a new layer (🖹)]을 선택하여 새 레이어를 추가합니다. [Layers] 패널에서 [Ctrl]을 누른 채 '통돌이 vs드럼' 문자 레이어의 섬네일을 클릭하면 문자 레이어의 선택 영역을 불러올 수 있습니다.

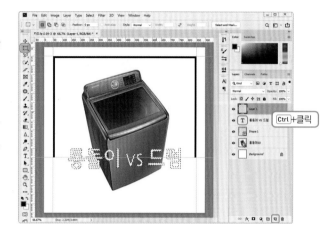

메뉴에서 [Select]-[Modify]-[Expand]를 선택합니다.

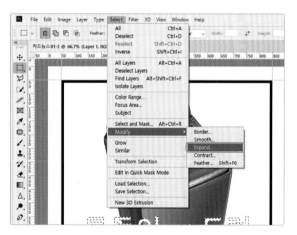

[Expand Selection] 대화상자가 실행되면 10px을 입력해 영역을 10px만큼 확장시킵니다.

선택한 영역이 확장된 것을 확인할 수 있습니다.

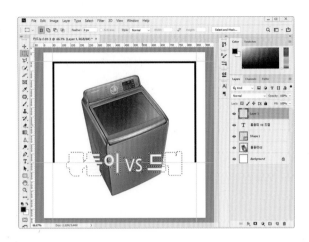

[Layer] 패널에서 'Layer 1' 레이어를 선택한 후 전경색이 검은색(#000000)인 것을 확인하고 전경색 채우기 단축키(Alt + Delete)로 선택 영역에 검은색으로 칠해 줍니다. 메뉴에서 [Select]−[Deselect]를 선택하여 화면에 지정한 선택 영역을 해제합니다(단축키 : Ctrl + D).

[Tool] 패널 − [Rectangular Marquee Tool (▭)]을 선택하여 미리 꺼내 놓은 가이드에 맞춰 색을 칠할 부분을 영역으로 지정합니다.

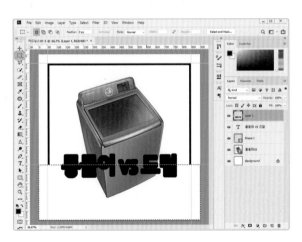

[Layer] 패널에서 'Layer 1' 레이어를 선택한 후 전경색이 검은색(#000000)인 것을 확인하고 전경색 채우기 단축키(Alt + Delete)로 선택 영역에 검은색으로 칠해 줍니다. 메뉴에서 [Select]-[Deselect]를 선택하여 화면에 지정한 선택 영역을 해제합니다(단축키 : Ctrl + D).

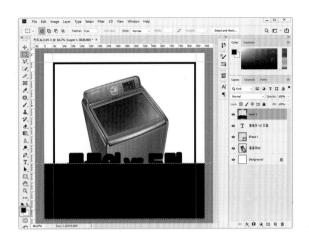

[Layers] 패널에서 'Opacity' 값을 60%로 조정하여 반투명한 효과를 넣습니다.

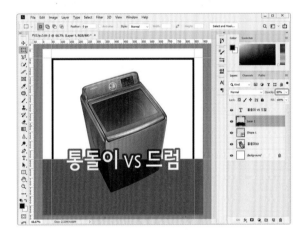

[Tool] 패널 - [Horizontal Type Tool(T)]을 선택하여 문자를 입력합니다.

- 내용 : 30만 원대부터
- 100만 원 초반까지!
- 글꼴 : 나눔스퀘어 Bold
- 크기 : 36pt
- Color : ffffff

위와 동일한 방법으로 문자를 입력합니다.

- 내용 : 80만 원대부터 300만 원 초반까지!
- 글꼴 : 나눔스퀘어 Bold
- 크기 : 36pt
- Color : ffffff

별모양 배지 아이콘을 만들기(별모양 그리기) 위해 [Tool] 패널 – [Polygon Tool(⬡)]을 선택합니다. [Polygon Tool(⬡)]의 옵션 바에 'Sides' 값을 40으로 입력합니다.

Tip

Sides 값에 따라 다각형 측면의 수를 정할 수 있습니다. 예를 들어 '3'을 입력하면 삼각형, '5'를 입력하면 오각형을 그릴 수 있습니다.
- Radius : 다각형의 반지름 값을 입력하여 원하는 크기의 다각형을 그리도록 해줍니다.
- Smooth Corners : 다각형의 꼭짓점이 곡선의 형태로 부드럽게 처리됩니다.
- Star : 별 모양 쉐이프를 그릴 때 선택합니다.
  - Indent Sides by : 별 모양 쉐이프의 폭을 지정합니다. 수치가 높을수록 폭이 좁고 뾰족한 모양으로 처리됩니다.
  - Smooth Indents : 별 모양 쉐이프의 안쪽 모서리가 곡선의 형태로 부드럽게 처리됩니다.

'Shape and path options(⚙)' 버튼을 선택해
'Star'에 체크하고 'Indent Sides by'는 15%로
입력합니다.

옵션 값을 변경한 후 작업 화면에 클릭&드
래그하여 별모양 쉐이프를 그려줍니다.

[Properties] 패널에서 도형의 옵션 변경이
가능합니다.

• Color : 3da5f5

별모양 배지 아이콘을 만들기(그라데이션
효과 넣기) 위해 [Layers] 패널에서 'Polygon
1' 레이어를 선택한 후 [Layers] 패널 −
[Layer Style(*fx*)] − [Gradient Overlay]를 선
택합니다.

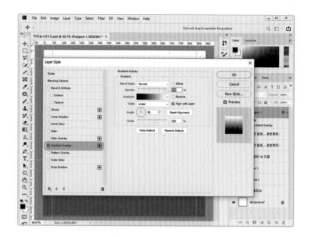

[Layer Style] 대화상자가 실행되면 'Style'을
클릭하여 'Angle'로 변경합니다.

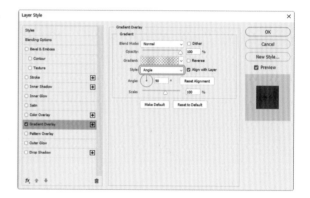

[Layer Style] 대화상자에서 'Gradient'를 클
릭하여 [Gradient Editor] 대화상자를 실행
시키고 Gradient 색상을 변경합니다.

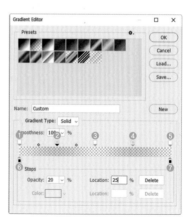

❶ Stops − Opacity : 0% / Location : 0%
❷ Stops − Opacity : 20% / Location : 25%
❸ Stops − Opacity : 0% / Location : 50%
❹ Stops − Opacity : 20% / Location : 75%
❺ Stops − Opacity : 0% / Location : 100%
❻ Stops − Color : #000000 / Location : 0%
❼ Stops − Color : #000000 / Location : 100%

별모양 배지 아이콘을 만들기(원형 그리기) 위해 [Tool] 패널 - [Ellipse Tool(●)]을 선택하여 도형을 그립니다.

- Width : 150px
- Height : 150px
- Color : ffffff

위와 동일한 방법으로 원형을 그려줍니다.

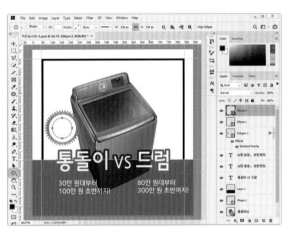

- Width : 110px
- Height : 110px
- Color : ffffff

별모양 배지 아이콘 만들기(Shape 레이어 병합하기) 위해 [Layers] 패널에서 'Ellipse 1' 레이어와 'Ellipse 2' 레이어를 다중 선택한 후 마우스 오른쪽 버튼을 클릭하여 'Merge Shapes'를 선택합니다.

별모양 배지 아이콘을 만들기(병합한 원을 링 모양으로 만들기) 위해 [Tool] 패널 – [Path Selection Tool(▶)]을 선택한 후 옵션 바에서 'Path operations' 값을 'Subtract Front Shape'로 변경합니다.

옵션 값을 Subtract Front Shape으로 변경하면 원형이 링 모양으로 바뀌는 것을 확인할 수 있습니다.

별모양 배지 아이콘을 만들기(문자 입력) 위해 [Tool] 패널 – [Horizontal Type Tool(T)]을 선택하여 문자를 입력합니다.

· 내용 : 가격
· 글꼴 : 나눔스퀘어 ExtraBold
· 크기 : 38pt
· 자간 : 75
· Color : ffffff

별모양 배지 아이콘을 만들기(선 따라 흐르는 문자 입력) 위해 [Tool] 패널 − [Ellipse Tool(●)]을 선택한 후 작업 화면에 클릭&드래그하여 원을 그립니다.

[Tool] 패널 − [Horizontal Type Tool(T)]을 선택하여 원의 경계선에 걸쳐 클릭합니다. 원의 경계선에 걸치면 Type Tool의 모양이 물결 형태( )로 바뀝니다. [Character] 패널이 활성화되면 문자의 설정을 변경한 후 내용을 입력합니다. 문자 입력이 끝나면 [Ctrl]+[Enter]를 눌러 작업을 완료합니다.

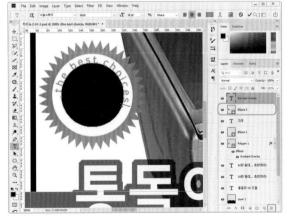

문자 입력이 끝나면 [Layers] 패널에서 'Ellipse 3' 레이어를 선택한 후 'Delete layer (🗑)' 버튼을 눌러 삭제합니다.

위와 동일한 방법으로 문자를 입력합니다.

- 내용 : washing machine
- 글꼴 : 나눔스퀘어 Bold
- 크기 : 18pt
- 자간 : 200
- Color : 229ef4

별모양 배지 아이콘을 만들기(원형 그리기) 위해 [Tool] 패널 – [Ellipse Tool(⬤)]을 선택한 후 작업 화면을 클릭&드래그하여 두 문자의 중간에 작은 원형을 두 개 그려줍니다.

응용형 카드뉴스 디자인 ④

표지, 제목, 내용으로 구성되어 있으며, 일러스트와 자유 도형을 활용하여 호기심을 자극시키고 제품 홍보를 목적으로 하는 카드뉴스를 제작해 보겠습니다.

예제 파일
- 카드뉴스04-1, 카드뉴스04-2, 카드뉴스04-3
- 꽃리스, 꽃배경01, 꽃배경02
  (예제 파일 이미지 출처:https://www.freepik.com)

사이즈
- 정사각형 카드뉴스 템플릿 사이즈(900×900px)

폰트
- 디자인하우스 Light
- 디자인하우스 Bold
- 빙그레 따옴체 Bold
- 나눔스퀘어 Regular

주요 기능
- 일러스트 다운로드 및 삽입하기(Place Embedded)
- 다각형 그려서 다양한 효과 넣기(Polygon Tool)
- 불투명도 조절하기(Opacity)
- 문자에 외곽선과 그림자 넣기(Layer Style)

[File]−[New]를 선택하여 새로운 작업 파일
을 만들어 줍니다(단축키: Ctrl + N).

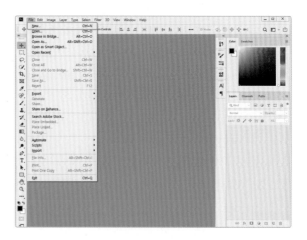

- 파일 이름 : 카드뉴스04
- Width(가로 사이즈) : 900 Pixels
- Height(세로 사이즈) : 900 Pixels
- Resolution(해상도) : 72 Pixels/Inch
- Color Mode(색상 모드) : RGB Color
- Background Contents(배경) : White

[File]−[Place Embedded]를 선택하여 '꽃리
스' 이미지를 삽입합니다.

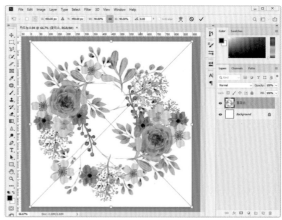

(예제 파일 이미지 출처:https://www.freepik.com)

원형을 그리기 위해 [Tool] 패널 − [Ellipse
Tool(⬤)]을 선택하여 도형을 그립니다.

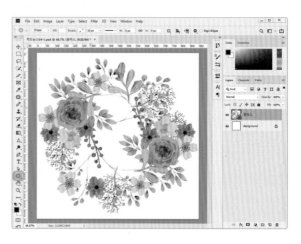

- Width : 500px
- Height : 500px
- Color : f9f1eb

원형에 그림자 효과를 넣기 위해 [Layers] 패널 − [Layer Style(fx)] − [Drop Shadow]를 선택합니다. [Layer Style] 대화상자가 실행되면 'Drop Shadow'의 옵션을 변경합니다.

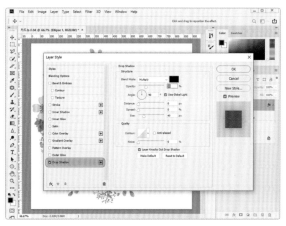

- Opacity : 30%
- Distance : 0px
- Size : 40px

점선으로 된 원형을 그리기 위해 [Tool] 패널 − [Ellipse Tool(●)]을 선택하여 도형을 그립니다.

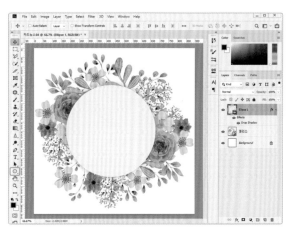

- Width : 480px   Height : 480px
- Set shape fill type : f9f1eb
- Set shape stroke type : e47c71 / 1px / Dashed Line

배경을 기준으로 레이어를 정렬시키기 위해 [Layer] 패널에서 'Ellipse 1' 레이어, 'Ellipse 2' 레이어, 'Background' 레이어를 다중 선택한 후 [Tool] 패널 − [Move Tool(✛)]을 선택합니다.

[Move Tool(✛)]의 [옵션 바]에서 다중 선택한 레이어의 정렬 방식 선택이 가능합니다. 'Align horizontal centers(✛)'을 선택하면 'Background' 레이어를 기준으로 가로 방향 가운데 정렬되고, 'Align vertical centers (✛)'을 선택하면 'Background' 레이어를 기준으로 세로 방향 가운데 정렬됩니다. 두 버튼을 선택하여 원형을 화면의 중앙에 위치합니다.

[Tool] 패널 – [Horizontal Type Tool(T)]을 선택하여 문자를 입력합니다.

- 내용 : 신입생
- 글꼴 : 디자인하우스 Light
- 크기 : 90pt
- 행간 : 120pt
- Color : e47c71

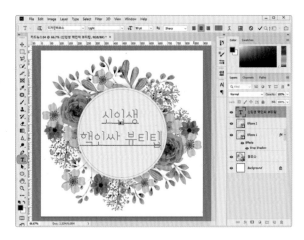

- 내용 : 핵인싸 뷰티팁
- 글꼴 : 디자인하우스 Light
- 크기 : 90pt
- 행간 : 120pt
- Color : 8c8b8b

위와 동일한 방법으로 문자를 입력합니다.

- 내용 : TOP 5
- 글꼴 : 디자인하우스 Bold
- 크기 : 90pt
- Color : e47c71

[File]–[Place Embedded]를 선택하여 '꽃배
경01' 이미지를 삽입합니다.

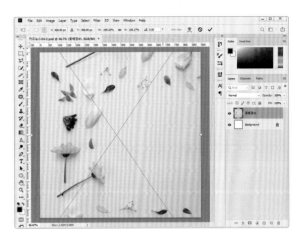

반투명한 육각형을 그리기 위해 [Tool] 패
널 – [Polygon Tool(⬡)]을 선택한 후 옵션
바에 'Fill' 값에 'f36071'을 입력하고 'Sides'
값에 '6'으로 입력합니다.

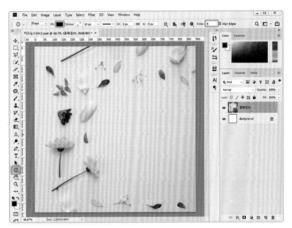

작업 화면에 Shift 를 누른 채 클릭&드래그
하여 육각형을 그려줍니다.

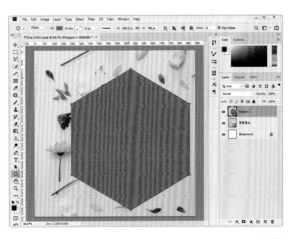

[Layers] 패널에서 'Opacity' 값을 20%로 조
정하여 반투명한 효과를 넣습니다.

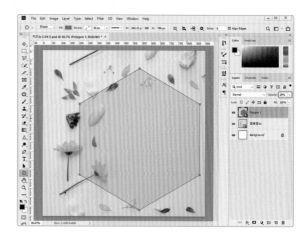

육각형 테두리를 그리기 위해 레이어를 복
사합니다. 'Polygon 1' 레이어를 선택한 상태
에서 [Layer]-[Duplicate Layer] 메뉴를 선택
하면 대화상자가 열리고, 레이어의 이름을
지정해 복사할 수 있습니다(단축키 : Ctrl
+ J). 복사한 'Polygon 1 copy' 레이어의
'Opacity' 값을 100%로 조정합니다.

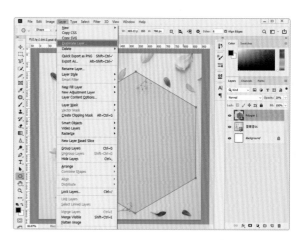

[Layers] 패널에서 'Polygon 1 copy' 레이어를
선택한 후 [Polygon Tool(⬡)]의 옵션 바에서
복사한 육각형의 옵션을 변경해줍니다.

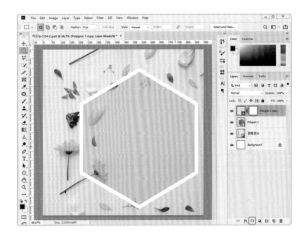

- Set shape fill type : No color
- Set shape stroke type : ffffff / 20px

레이어 마스크를 이용해 도형의 일부분을
지우기 위해 'Polygon 1 copy' 레이어를 선택
한 상태에서 [Layer] 패널 - [Layer Mask(▢)]
를 선택하여 레이어 마스크를 추가합니다.

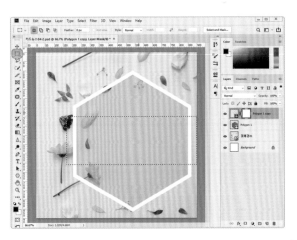

[Tool] 패널 - [Rectangular Marquee Tool(▢)]
을 선택하여 작업 화면에서 지울 부분을 영
역으로 지정합니다.

전경색이 검은색(#000000)인 것을 확인하고 전경색 채우기 단축키(Alt + Delete)로 선택 영역에 검은색으로 칠해 줍니다. 검은색으로 칠한 영역은 화면에서 지워진 것을 확인할 수 있습니다.

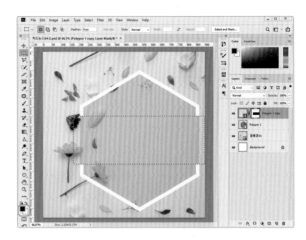

메뉴에서 [Select]-[Deselect]를 선택하여 화면에 지정한 선택 영역을 해제합니다(단축키 : Ctrl + D).

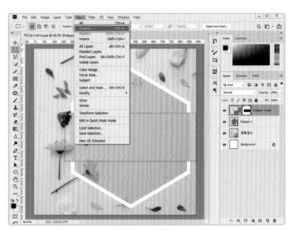

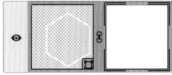

▲ Layer Mask 적용 전

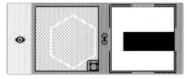

▲ Layer Mask 적용 후

도형에 그림자 효과를 넣기 위해 [Layers] 패
널 − [Layer Style(fx)] − [Drop Shadow]를
선택합니다.

[Layer Style] 대화상자가 실행되면 'Drop
Shadow'의 옵션을 변경합니다.

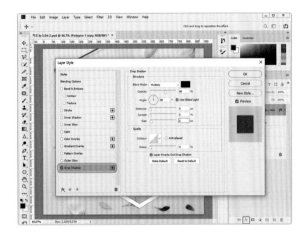

- Opacity : 60%
- Distance : 0px
- Size : 5px

▲ Layer Style 적용 전

▲ Layer Style 적용 후

[Tool] 패널 − [Horizontal Type Tool(T)]을
선택하여 문자를 입력합니다.

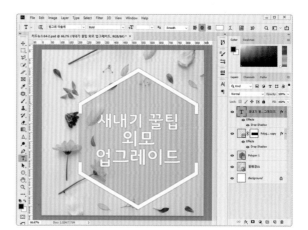

- 내용 : 새내기 꿀팁 외모 업그
  레이드
- 글꼴 : 빙그레 따옴체 Bold
- 크기 : 90pt
- 행간 : 100pt
- Color : ffffff

[File]−[Place Embedded]를 선택하여 '꽃배
경02' 이미지를 삽입합니다.

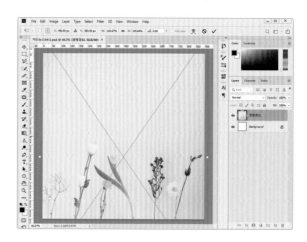

위와 동일한 방법으로 '꽃배경01' 이미지를 삽입합니다.

레이어 마스크를 이용해 이미지의 일부분을 지우기 위해 '꽃배경01' 레이어를 선택한 상태에서 [Layer] 패널 – [Layer Mask(⬛)]를 선택하여 레이어 마스크를 추가합니다. [Tool] 패널 – [Brush Tool(🖌)]을 선택하여 '꽃배경01' 이미지의 왼쪽과 아래쪽을 검은색으로 칠하면 화면에서 지운 것처럼 가려지는 것을 볼 수 있습니다.

육각형을 그리기 위해 [Tool] 패널 – [Polygon Tool(⬢)]을 선택한 후 옵션 바에 'Fill' 값에 'ff858c'을 입력하고 'Sides' 값에 6으로 입력합니다. 작업 화면에 Shift 를 누른 채 클릭&드래그하여 육각형을 그려줍니다.

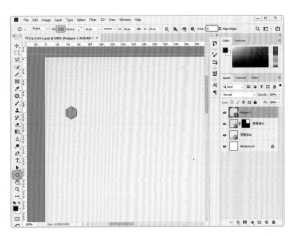

도형을 복사하기 위해 [Tool] 패널 – [Move Tool(✥)]을 선택합니다. Alt를 누르면 툴의 모양이 이중 화살표(▶▶)로 바뀌는데, 이때 작업 화면에서 드래그를 하면 레이어가 복사되는 것을 확인할 수 있습니다(Move Tool+Alt+드래그 : 레이어 복사) 한 번 더 반복하여 3개의 육각형을 만듭니다.

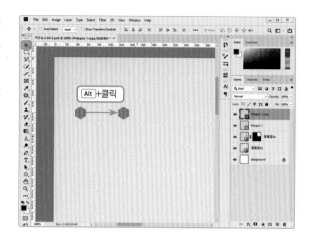

레이어 간격을 일정하게 정렬하기 위해 [Layer] 패널에서 'Polygon 1', 'Polygon 1 copy', 'Polygon 1 copy2' 세 개의 레이어를 다중 선택한 후 [Tool] 패널 – [Move Tool(✥)]을 선택합니다. [Move Tool(✥)]의 [옵션 바]에서 다중 선택한 레이어의 정렬 방식 선택이 가능합니다. 'Distribute horizontally(▥)'을 선택하면 수평으로 균등 분배됩니다. 즉, 가로로 배치되어 있는 레이어의 가로 간격이 일정하게 정렬됩니다.

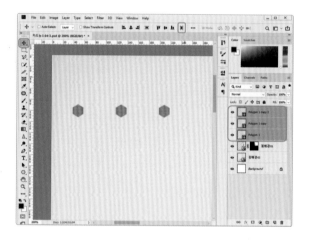

여러 개의 도형을 복사하기 위해 [Layer] 패널에서 'Polygon 1', 'Polygon 1 copy', 'Polygon 1 copy2' 세 개의 레이어를 다중 선택합니다. [Tool] 패널 – [Move Tool(▶▶)]을 선택한 상태에서 Alt를 누른 채 마우스로 드래그하여 레이어를 복사합니다(화면에 이중 화살표(✥) 표시됨).

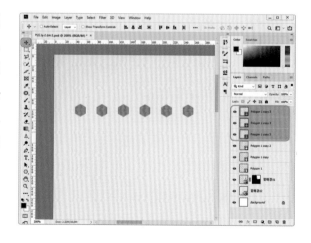

[Layer] 패널에서 'Polygon 1 copy3' 레이어를 선택한 상태에서 [Tool] 패널 − [Polygon Tool(⬡)]을 선택한 후 옵션 바에 'Fill' 값을 클릭하여 'Color Picker'를 선택합니다.

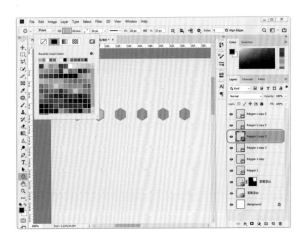

[Color Picker] 대화상자가 실행되면 색상코드 'ffb5b9'를 입력하여 색상을 변경해줍니다.

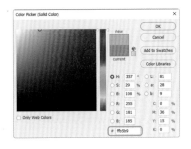

위와 동일한 방법으로 'Polygon 1 copy3' 레이어 두 개도 색상 변경을 합니다.

[Tool] 패널 – [Horizontal Type Tool(T)]을
선택하여 문자를 입력합니다.

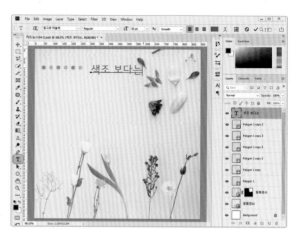

- 내용 : 색조 보다는
- 글꼴 : 빙그레 따옴체 Regular
- 크기 : 55pt
- Color : 6d6d6d

위와 동일한 방법으로 문자를 입력합니다.

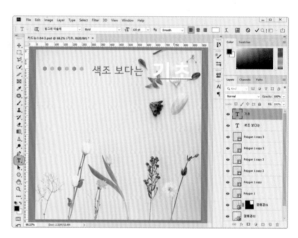

- 내용 : 기초
- 글꼴 : 빙그레 따옴체 Bold
- 크기 : 120pt
- Color : ffffff

문자에 테두리 선을 넣기 위해 [Layers] 패
널 – [Layer Style(fx)] – [Stroke]를 선택
합니다. [Layer Style] 대화상자가 실행되면
'Color'를 클릭하여 Stroke의 옵션을 변경합
니다.

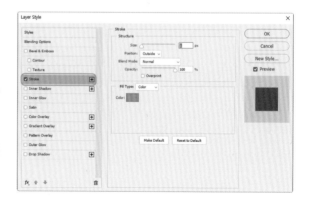

- Size : 1px
- Position : Outside
- Color : ff858c

문자에 그림자 효과를 넣기 위해 [Layer Style] 대화상자 왼쪽에 [Drop Shadow]를 선택하여 그림자의 옵션을 변경합니다.

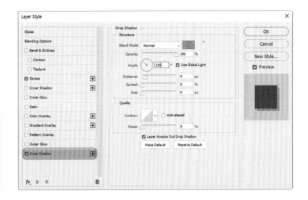

- Blending Mode : Normal
- Opacity : 100%
- Angle : 135
- Distance : 9px
- Size : 0px

'제목' 페이지의 육각형 그리기와 동일한 방법으로 육각형을 그려 완성합니다.

반투명한 흰색 육각형 옵션
- Fill : ffffff
- Stroke : No color
- Opacity : 60%

테두리선이 있는 육각형 옵션
- Fill : No color
- Stroke : fda3a8

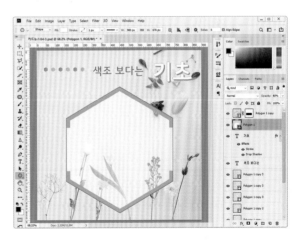

[Tool] 패널 − [Horizontal Type Tool(T)]을 선택하여 문자를 입력합니다.

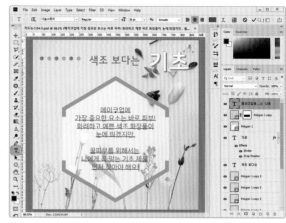

· 내용 : 메이크업에 가장 중요한 요소는 바로 피부!
　　　　화려하고 예쁜 색조 화장품이
　　　　눈에 띄겠지만,
　　　　꿀피부를 위해서는
　　　　나에게 꼭 맞는 기초 제품
　　　　먼저 찾아야 해요!
· 글꼴 : 나눔스퀘어 Regular
· 크기 : 36pt
· Color : 6d6d6d

문자에 테두리 선을 넣기 위해 [Layers] 패널 − [Layer Style(fx)] − [Stroke]를 선택합니다. [Layer Style] 대화상자가 실행되면 'Color'를 클릭하여 Stroke의 옵션을 변경합니다.

· Size : 3px
· Position : Outside
· Color : ffffff

09

가전 상세페이지

가전 제품은 브랜드에 대한 충성도가 있는 편입니다. 브랜드의 이미지를 표현해 주고, 제품의 각 기능을 한눈에 알아볼 수 있도록 설명하는 것이 중요합니다. 가전은 제품의 가격대가 높은 편이기 때문에 상세페이지 역시 가볍고 친근한 이미지 보다는 제품에 대한 신뢰와 고급스러움을 표현해 주는 것이 좋습니다.

예제 파일
- 상세페이지01-1, 상세페이지01-2
- 침실, 공장, 연기, 숲, 거실, 청정가습기01, 청정가습기02, 청정가습기03, 청정가습기아이콘, 필터01, 필터02, 필터바람

폰트
- 나눔스퀘어 Light, Bold, ExtraBold
- 나눔손글씨 붓
- Tmon몬소리

주요 기능
- 이미지에 흐림 효과 넣기(Gaussian Blur)
- 특정 레이어에만 효과 적용하기(Clipping Mask)
- 불투명도 조절하기(Opacity)
- 이미지 색상 조정하기(Hue/Saturation)
- 이미지 반전하기(Invert)

[File]-[New]를 선택하여 새로운 작업 파일
을 만들어 줍니다(단축키: Ctrl + N).

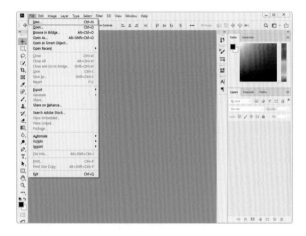

- 파일 이름 : 상세페이지01
- Width (가로 사이즈) : 860 Pixels
- Height (세로 사이즈) : 2500 Pixels
- Resolution (해상도) : 72 Pixels/Inch
- Color Mode (색상 모드) : RGB Color
- Background Contents (배경) : White

작업 화면에 Ruler(눈금자)를 켜놓으면
Guide(안내선)를 이용해 화면을 분할할 수
있습니다. 시작하기 전에 Ruler(눈금자)를
꺼내둡니다. 메뉴에서 [View]-[Rulers]를
선택합니다.

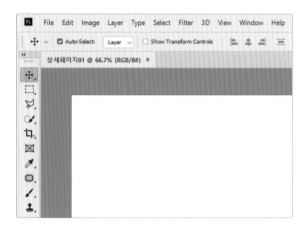

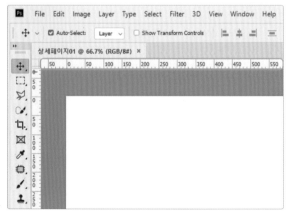

[File]-[Place Embedded]를 선택하여 '인테리어' 이미지를 삽입합니다.

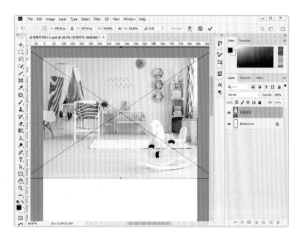

이미지에 흐림 효과를 넣기 위해 메뉴에서 [Filter]-[Blur]-[Gaussian Blur]를 선택합니다. [Gaussian Blur] 대화상자가 실행되면 'Radius' 값에 1px을 입력하여 흐림 효과를 적용합니다.

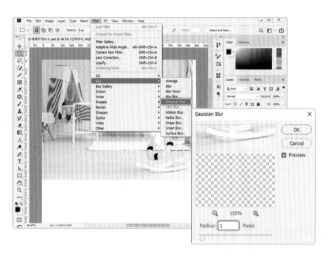

브러시로 물감 번짐 효과를 넣기 위해 [Tool] 패널 - [Set foreground color]을 선택하여 전경색을 '#ffffff'로 변경합니다.

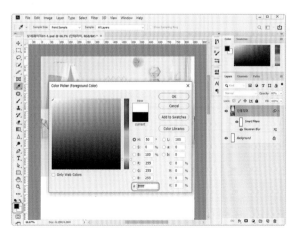

[Tool] 패널 – [Brush Tool(✏)]을 선택하여
브러시의 모양 옵션을 변경합니다.

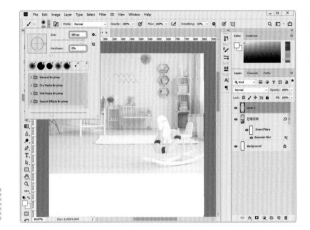

브러시로 물감 효과를 그려줄 새 레이어를
추가하기 위해 [Layer] 패널 – [Create a new
layer]를 선택하여 작업 화면 위에 브러시로
클릭하여 색을 칠해줍니다.

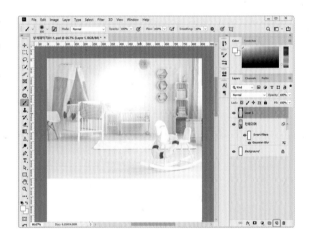

사각형을 그리기 위해 [Tool] 패널 –
[Rectangle Tool(▬)]을 선택하여 도형을 그
립니다.

- Width : 150px
- Height : 30px
- Color : 80a2c9

[Tool] 패널 − [Horizontal Type Tool(T)]을
선택하여 문자를 입력합니다.

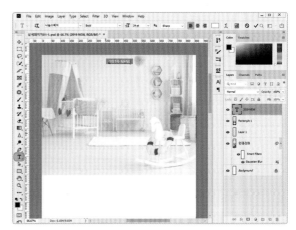

- 내용 : 2019 New
- 글꼴 : 나눔스퀘어 Bold
- 크기 : 24pt
- Color : ffffff

위와 동일한 방법으로 문구를 작성합니다.

- 내용 : 굿바이~
- 글꼴 : 나눔손글씨 붓
- 크기 : 100pt
- Color : 312f59

- 내용 : 미세먼지 99.9% 필터링 가능한
- 글꼴 : 나눔스퀘어 Bold
- 크기 : 24pt
- Color : 414141

- 내용 : 블루스카이 공기청정기
- 글꼴 : 나눔스퀘어 Bold
- 크기 : 30pt
- Color : 414141

[File]−[Place Embedded]를 선택하여 '가습
청정기01' 이미지를 삽입합니다.

위와 동일한 방법으로 '아이콘' 이미지를 삽입합니다.

[Tool] 패널 – [Horizontal Type Tool(**T**)]을 선택하여 문자를 입력합니다.

- 내용 :
  빈틈없는 먼지제거
  사물인터넷(IoT) 구현
  미세한 입자까지 감지하는
- 글꼴 : 나눔스퀘어 Bold
- 크기 : 24pt
- Color : ffffff

- 내용 :
  99.9% 필터시스템
  삼성 커넥트
  레이저 센서
- 글꼴 : 나눔스퀘어 Bold
- 크기 : 30pt
- Color : ffffff

레이어를 그룹으로 묶어서 관리할 수 있습니다. 파일을 폴더에 정리하는 것과 같은 개념으로 생각하면 이해하기 쉽습니다. 내용에 따라 그룹을 정리할 수도 있고, 종류에 따라 정리할 수도 있습니다. 상세페이지의 내용이 길기 때문에 영역별로 레이어 그룹을 만들어 관리하면 좋습니다. 지금까지 만든 인트로(브랜드 스토리) 화면을 레이어 그룹으로 만들어 보겠습니다.

[Layer] 패널에서 'Background' 레이어를 제외한 모든 레이어를 다중 선택합니다. 최상위에 있는 레이어를 클릭하고, Shift 를 누른 상태에서 최하위에 있는 레이어를 클릭하면 레이어 다중선택을 할 수 있습니다. 레이어가 선택된 상태에서 단축키 Ctrl + G 를 눌러 그룹으로 만들어줍니다.

STEP 02 연출 이미지(구매욕 자극) 화면 만들기

[File]−[Place Embedded]를 선택하여 '가습청정기02' 이미지를 삽입합니다.

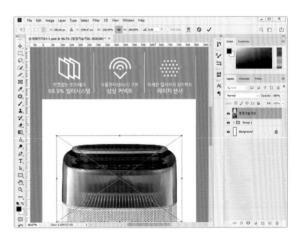

[Tool] 패널 − [Horizontal Type Tool(**T**)]을
선택하여 문자를 입력합니다.

- 내용 : 당신이 숨 쉬는 모든 공간에.
- 글꼴 : Tmon몬소리
- 크기 : 48pt
- Color : 5a7088

[File]−[Place Embedded]를 선택하여 '공장'
이미지를 삽입합니다.

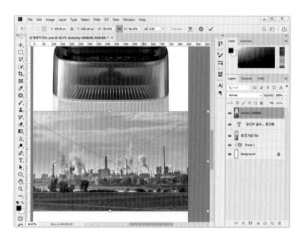

Guide를 꺼내기 위해 [Tool] 패널 − [Move
Tool(✛)]을 선택합니다. 상단에 있는 Ruler
의 중간에 마우스를 클릭하여 아래 방향으
로 드래그&드롭하면 화면에 새 Guide가 생
성됩니다. Shift 를 누른 채 드래그하면 픽셀
단위로 Guide를 꺼낼 수 있습니다. 이미지
의 위치를 맞추기 위해 2020px 위치 둡니다.

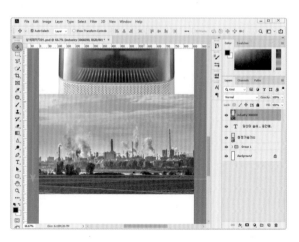

레이어 마스크를 이용해 이미지의 일부분을
지우기 위해 '공장' 레이어를 선택한 상태에
서 [Layer] 패널 – [Layer Mask(⬛)]를 선택하
여 레이어 마스크를 추가합니다.

[Tool] 패널 – [Rectangular Marquee Tool(⬚)]
을 선택하여 작업 화면에서 지울 부분을 영
역으로 지정합니다.

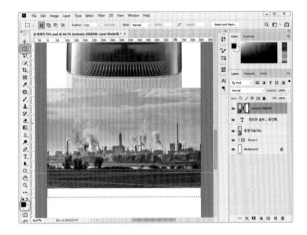

전경색이 검은색(#000000)인 것을 확인하고
전경색 채우기 단축키([Alt]+[Delete])로 선
택 영역에 검은색으로 칠해 줍니다. 검은색
으로 칠한 영역은 화면에서 지워진 것을 확
인할 수 있습니다.

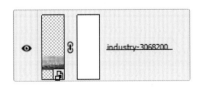

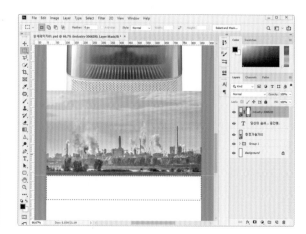

메뉴에서 [Select]−[Deselect]를 선택하여 화
면에 지정한 선택 영역을 해제합니다(단축
키 : Ctrl + D).

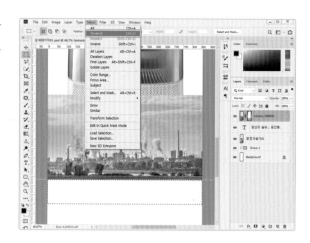

이미지에 콘트라스트를 높이기 위해
[Layers] 패널 − [Adjustment layer(◑)] −
[Levels]를 선택하여 조정 레이어를 추가합
니다. 조정 레이어를 추가하면 [Properties]
패널이 활성화되어 조정 레이어의 옵션 값
을 변경할 수 있습니다. Black Point의 슬라
이더를 오른쪽으로 움직이고, White Point
슬라이더를 왼쪽으로 움직여서 이미지의 어
두운 부분과 밝은 부분을 강조합니다. 이렇
게 조절하면 콘트라스트가 높아집니다.

'Level 1' 레이어의 하위에 있는 모든 레이어에 효과가 적용되었습니다. '공장' 레이어에만 효과가 적용될 수 있도록 레이어 마스크를 활용합니다. 메뉴에서 [Layer]−[Create Clipping Mask]를 선택하여 클리핑 마스크를 적용합니다(단축키 : Alt + Ctrl + G).

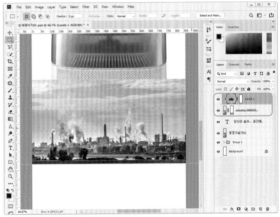

배경에 단색을 넣기 위해 [Layers] 패널 − [Adjustment layer(◉)] − [Solid Color]를 선택하여 조정 레이어를 추가합니다. 'Color Fill' 레이어가 추가되면서 색상을 선택할 수 있는 [Color Picker] 대화상자에서 색상코드 입력란에 '000000'을 입력하여 검은색을 선택합니다.

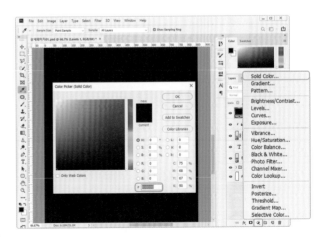

'Color Fill 1' 레이어의 하위에 있는 모든 레이어가 배경색에 덮여서 가려진 것을 볼 수 있습니다. '공장' 레이어에만 배경색이 적용될 수 있도록 레이어 마스크를 활용합니다. 메뉴에서 [Layer]-[Create Clipping Mask]를 선택하여 클리핑 마스크를 적용합니다 (단축키 : Alt + Ctrl + G). [Layer] 패널에서 Opacity 값을 50%로 변경하여 반투명한 효과를 적용합니다.

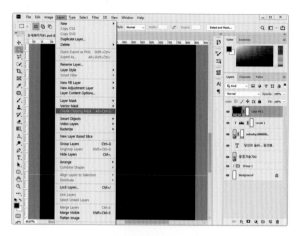

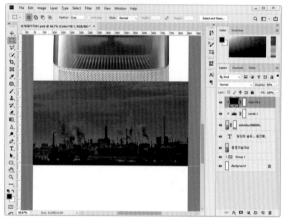

[Tool] 패널 − [Horizontal Type Tool(T)]을 선택하여 문자를 입력합니다.

- 내용 : 미세먼지,
- 글꼴 : 나눔스퀘어 Light
- 크기 : 60pt
- Color : ffffff

- 내용 : 이젠 위험합니다.
- 글꼴 : 나눔스퀘어 Bold
- 크기 : 60pt
- Color : ffffff

- 내용 : 세계보건기구(WHO)는
         미세먼지를 1군 발암물질로 지정
- 글꼴 : 나눔스퀘어 Bold
- 크기 : 36pt
- Color : c0deea

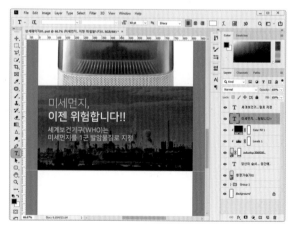

[Tool] 패널 – [Rounded Rectangle Tool(■)]을
선택한 후 작업 화면 위에 클릭하여 크기를
지정하여 둥근 사각형을 그릴 수 있습니다.

- Width : 750px
- Height : 350px
- Radii : 30px
- Color : #000000

[Tool] 패널 – [Rectangle Tool(■)]을 선
택한 후 작업 화면 위에 클릭하여 크기를
지정하여 사각형을 그린 후 [Edit]–[Free
Transform]을 선택하여 Shift 를 누른 채 45
도 회전시킵니다.

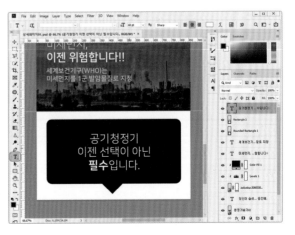

- Width : 80px
- Height : 80px
- Color : #000000

[Tool] 패널 – [Horizontal Type Tool(T)]을
선택하여 문자를 입력합니다. 상세페이지를
제작하는 방법을 이용해 나머지 상세페이지
도 완성해봅니다.

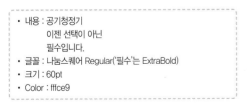

- 내용 : 공기청정기
        이젠 선택이 아닌
        필수입니다.
- 글꼴 : 나눔스퀘어 Regular('필수'는 ExtraBold)
- 크기 : 60pt
- Color : fffce9

인테리어 용품 상세페이지

SECTION 10

인테리어 용품은 전체적으로 따뜻한 분위기를 표현하고 실용성에 중점을 두는 것이 좋습니다. 실제 연출 이미지를 삽입해 제품에 대한 구매욕을 자극할 수 있도록 하고, 특히 기능성 제품인 경우, 인증서, 시험 성적서 등의 객관적 자료를 첨부해 제품의 신뢰도를 높이는 것이 좋습니다.

예제 파일
- 상세페이지02-1, 상세페이지02-2
- 침실, 쇼파, 침대, 주방, 그루미, 아이콘01, 아이콘02, 인증서, 두께, 은박접착면

폰트
- 나눔스퀘어 Regular, Bold, ExtraBold

주요 기능
- 이미지레이어 합성해서 화사하게 만들기 (Blending Mode)
- 펜으로 자유 도형 그리기(Pen Tool)
- 투명 아이콘 색상 변경하기(Color Overlay)
- 이미지에 액자 효과 내기(Layer Style)
- 이미지를 레이어에 끼워 넣기(Clipping Mask)

[File]-[New]를 선택하여 새로운 작업 파일
을 만들어 줍니다(단축키: Ctrl + N).

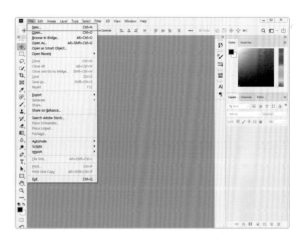

- 파일 이름 : 상세페이지02
- Width(가로 사이즈) : 860 Pixels
- Height(세로 사이즈) : 2500 Pixels
- Resolution(해상도) : 72 Pixels/Inch
- Color Mode(색상 모드) : RGB Color
- Background Contents(배경) : White

Guide를 꺼내기 위해 [Tool] 패널 – [Move
Tool(✛)]을 선택합니다. 상단에 있는 Ruler
의 중간에 마우스를 클릭하여 아래 방향으
로 드래그&드롭하면 화면에 새 Guide가 생
성됩니다.

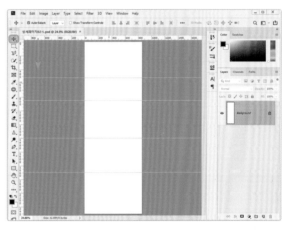

- Guide 위치 : 520px, 850px, 1400px, 1900px

[File]-[Place Embedded]를 선택하여 '침실'
이미지를 삽입합니다.

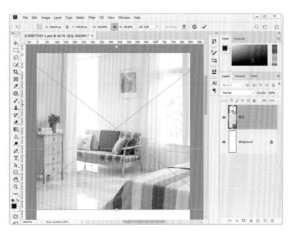

'침실' 레이어를 선택한 상태에서 [Layer]–
[Duplicate Layer] 메뉴를 선택하면 대화상
자가 열리고, 레이어의 이름을 지정해 복사
할 수 있습니다(단축키 : Ctrl + J).

이미지에 혼합 모드를 설정해 화사하게 만
들기 위해 '침실 copy' 레이어를 선택한 상
태에서 [Layers] 패널 – [Blending Mode]
를 'Screen'으로 변경하면 '침실' 레이어와
합성되면서 이미지가 밝아지는 것을 볼 수
있습니다. 'Screen' 효과를 조정하기 위해
'Opacity' 값을 30%로 조정합니다.

단색을 활용해 이미지의 색상톤을 조정하기
위해 [Layers] 패널 − [Adjustment layer(●)]
− [Solid Color]를 선택하여 조정 레이어를
추가합니다. 'Color Fill' 레이어가 추가되면
서 색상을 선택할 수 있는 [Color Picker] 대
화상자가 화면에 표시됩니다. [Color Picker]
대화상자에서 색상코드 입력란에 'ccc1a9'를
입력하여 색을 채워줍니다.

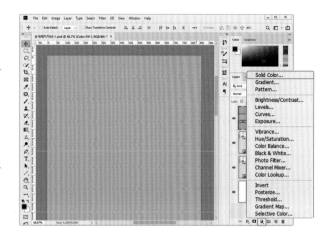

[Layers] 패널 − [Blending Mode]를 'Overlay'
로 변경하고 Opacity 값을 30%로 조정합니
다. '침실' 레이어에만 효과가 적용될 수 있
도록 레이어 마스크를 활용합니다. 메뉴에
서 [Layer]−[Create Clipping Mask]를 선택
하여 클리핑 마스크를 적용합니다(단축키 :
Alt + Ctrl + G).

▲ 배경 효과 적용 전

▲ 배경 효과 적용 후

[Tool] 패널 – [Set foreground color]와 [Set background color] 중간에 '⤵' 버튼을 선택하면 전경색과 배경색을 바꿀 수 있습니다. 버튼을 클릭해 전경색이 흰색(#ffffff)이 되도록 선택합니다. [Tool] 패널 – [Brush Tool(🖌)]을 선택하여 브러시의 모양 옵션을 변경합니다.

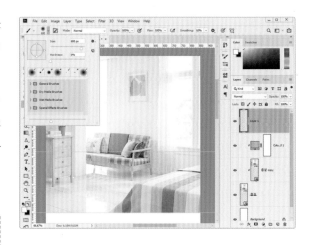

- Size : 600px
- Hardness : 0%

브러시로 물감 효과를 그려줄 새 레이어를 추가하기 위해 [Layer] 패널 – [Create a new layer]를 선택하여 작업 화면 위에 브러시로 클릭하여 색을 칠해줍니다.

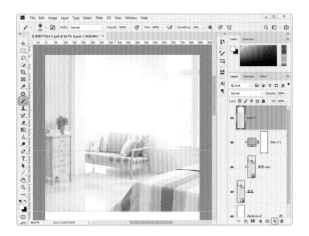

[File]–[Place Embedded]를 선택하여 '그루미' 이미지를 삽입합니다.

[Tool] 패널 – [Horizontal Type Tool(T)]을 선택하여 문자를 입력합니다.

- 내용 : NEW LIFE STYLE
- 글꼴 : 나눔스퀘어 ExtraBold
  ('NEW'는 나눔스퀘어 Regular)
- 크기 : 80pt
- 행간 : 65pt
- Color : 000000

사각형을 그리기 위해 [Tool] 패널 – [Rectangle Tool(▬)]을 선택하여 도형을 그립니다.

- Width : 300px
- Height : 340px
- Color : 735440

[Tool] 패널 – [Horizontal Type Tool(T)]을 선택하여 문자를 입력합니다.

- 내용 : 제이앤피마켓 단열시트
- 글꼴 : 나눔스퀘어 Regular
- 크기 : 30pt
- Color : ffffff

펜을 이용해 자유 도형을 그리기 위해 [Tool] 패널 – [Pen Tool(✒)]을 선택한 후 Pick tool mode를 'Shape'로 변경합니다. 'Fill'을 선택해 색상을 '9e897c'로 지정합니다.

클릭과 클릭&드래그를 반복하여 물결 모양을 완성합니다.

물결 모양 도형을 복사하기 위해 'Shape 1' 레이어를 선택합니다. [Tool] 패널 – [Move Tool(✛)]을 선택한 상태에서 Alt 를 누른 채 마우스로 드래그하여 레이어를 복사합니다(화면에 이중 화살표(⯮) 표시됨).

[Tool] 패널 − [Pen Tool(✎)]을 선택한 후
'Fill'를 선택해 색상을 'ffffff'로 지정합니다.

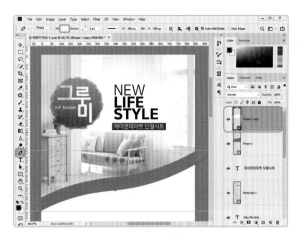

[Tool] 패널 − [Horizontal Type Tool(T)]을
선택하여 문자를 입력합니다.

- 내용 : 새로운 변화의 시작
- 글꼴 : 나눔스퀘어 Regular
- 크기 : 30pt
- Color : 555555

- 내용 : 단열효과와 인테리어
  까지 한번에!
- 글꼴 : 나눔스퀘어 ExtraBold
- 크기 : 30pt
- Color : 555555

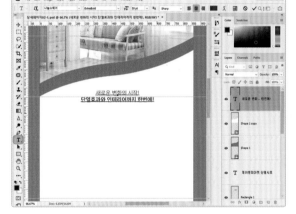

위와 동일한 방법으로 문구를 작성합니다.

- 내용 : INSULATION
- 글꼴 : 나눔스퀘어 Regular
- 크기 : 72pt
- 자간 : 400
- Color : 555555

- 내용 : WALLPAPER
- 글꼴 : 나눔스퀘어 ExtraBold
- 크기 : 72pt
- 자간 : 400
- Color : 555555

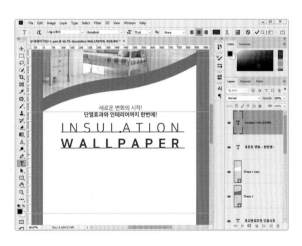

[File]−[Place Embedded]를 선택하여 '아이콘01_시공', '아이콘01_냉난방', '아이콘01_결로', '아이콘01_충격완화' 이미지를 삽입합니다.

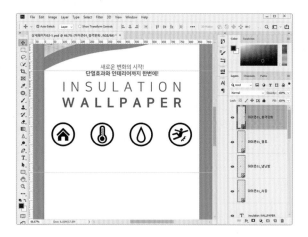

투명 아이콘 색상을 변경하기 위해 [Layers] 패널 − [Layer Style(*fx*)] − [Color Overlay]를 선택합니다.

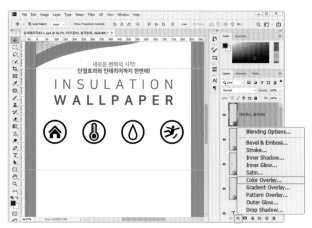

[Layer Style] 대화상자가 실행되면 'Color'를 클릭하여 'aabb9f' 색상으로 변경합니다.

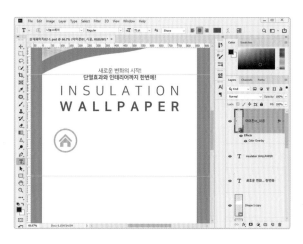

'아이콘01_시공' 레이어에 'Color Overlay'가
적용된 것을 확인할 수 있습니다. Alt 를 누
른 채 '아이콘01_시공' 레이어에 'Effects'를
클릭하여 '아이콘01_냉난방' 레이어에 드래
그&드롭 시키면 'Color Overlay'를 복사할
수 있습니다.

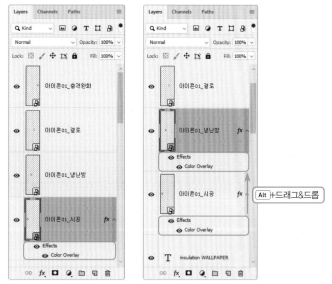

동일한 방법으로 나머지 아이콘 레이어에
'Color Overlay'를 적용시킵니다.

[Tool] 패널 – [Horizontal Type Tool(T)]을
선택하여 문자를 입력합니다.

- 내용 : 간편한시공
- 글꼴 : 나눔스퀘어 Bold
- 크기 : 30pt
- Color : 666666

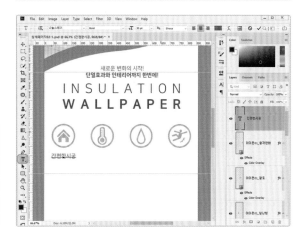

위와 동일한 방법으로 문구를 작성합니다.

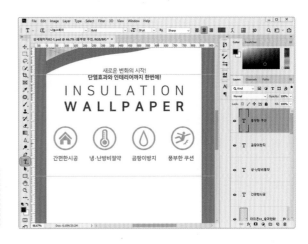

- 내용 : 냉 · 난방비절약 / 곰팡이방지 / 풍부한 쿠션
- 글꼴 : 나눔스퀘어 Bold
- 크기 : 30pt
- Color : 666666

[Tool] 패널 – [Line Tool(╱)]을 선택하여
도형을 그립니다. 아이콘 사이사이에 구분
선을 그려 마무리합니다.

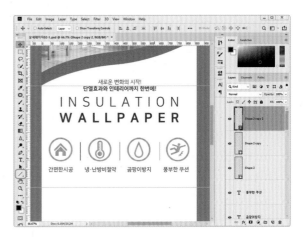

레이어 그룹을 만들기 위해 [Layer] 패널에
서 'Background' 레이어를 제외한 모든 레이
어를 다중 선택합니다. 최상위에 있는 레이
어를 클릭하고, Shift 를 누른 상태에서 최
하위에 있는 레이어를 클릭하면 레이어 다
중 선택을 할 수 있습니다. 레이어가 선택된
상태에서 단축키 Ctrl + G 를 눌러 그룹으로
만들어줍니다.

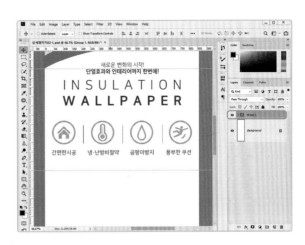

사각형을 그리기 위해 [Tool] 패널 −
[Rectangle Tool(▬)]을 선택하여 사각형을
그립니다.

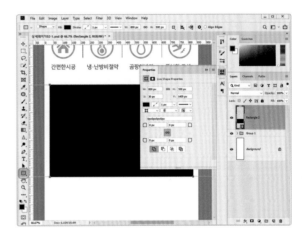

- Width : 800px
- Height : 500px

도형에 액자 효과를 내기 위해(외곽선 넣기)
[Layers] 패널 − [Layer Style(fx)] − [Stroke]
를 선택합니다.

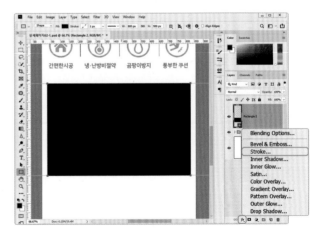

[Layer Style] 대화상자가 실행되면 'Color'를 클릭하여 Stroke의 옵션을 변경합니다.

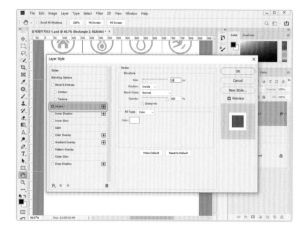

- Size : 10
- Position : Inside
- Color : ffffff

도형에 액자 효과를 내기 위해(그림자 넣기) [Layer Style] 대화상자 왼쪽에 [Drop Shadow]를 선택하여 그림자의 옵션을 변경합니다.

- Opacity : 50%
- Distance : 0px
- Size : 5px

▲ Layer Style 적용 전

▲ Layer Style 적용 후

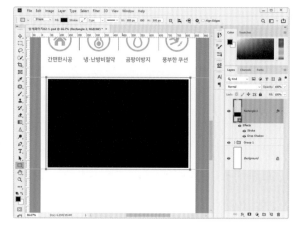

[File]−[Place Embedded]를 선택합니다. '소파'를 선택한 후 [Place] 버튼을 클릭하고, 이미지의 네 모서리에 조절점을 드래그하여 원하는 크기로 조정한 후 완료합니다.

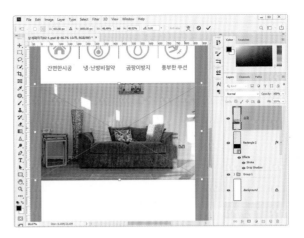

메뉴에서 [Layer] − [Create Clipping Mask]를 선택하여 클리핑 마스크를 적용합니다 (단축키 : Alt + Ctrl + G).

[Tool] 패널 − [Horizontal Type Tool(T)]을 선택하여 문자를 입력합니다.

· 내용 : 제이앤피는 다릅니다!
  친환경단열벽지 그루미
· 글꼴 : 나눔스퀘어 Bold
· 크기 : 40pt
· Color : 714e57

위와 같은 방법으로 문구를 작성합니다.

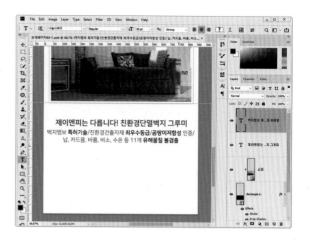

- 내용 : 벽지엠보 특허기술/친환경건출자재 최우수등급/곰팡이 저항성 인증/납, 카드뮴, 바륨, 비소, 수은 등 11개 유해물질 불 검출
- 글꼴 : 나눔스퀘어 Regular
- 크기 : 30pt
- Color : 666666

[File]−[Place Embedded]를 선택하여 '인증 서' 이미지를 삽입합니다. 위의 상세페이지 를 제작하는 방법을 이용해 나머지 상세페 이지도 완성해봅니다.

① 육각형 그리기 : [Tool] 패널 – [Polygon Tool(⬣)]

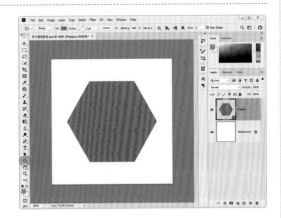

② 사각형 그리기 : [Tool] 패널 – [Rectangle Tool(▮)]

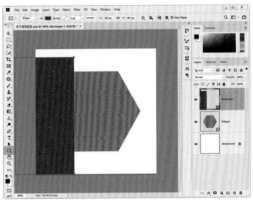

③ 불투명도와 혼합 모드 변경하기 : [Layer] 패널 –
'Rectangle 1' 레이어 – Opacity : 70% / Blending Mode
: Soft Light

④ 육각형에 끼워 넣기 : 메뉴에서 [Layer] – [Create
Clipping Mask](단축키 : Alt + Ctrl + G)

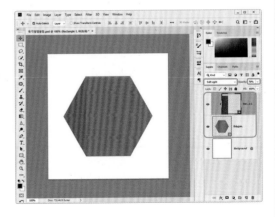

⑤ 레이어 복사하기 : 메뉴에서 [Layer] – [Duplicate Layer
    (단축키 : Ctrl + J)

⑥ 사각형 회전하기 : 메뉴에서 [Edit] – [Free Transform]
    – 30도 회전

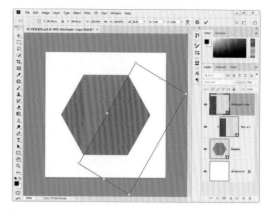

⑦ 육각형에 끼워넣기 : 메뉴에서 [Layer] – [Create Clipping
    Mask](단축키 : Alt + Ctrl + G)

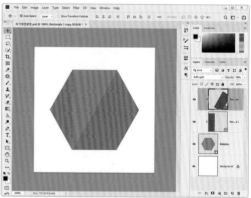

⑧ ⑤~⑦을 반복해서 나머지 부분을 완성합니다.

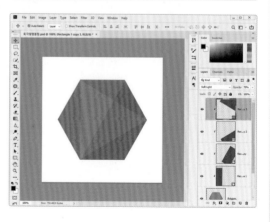

11

S E C T I O N

뷰티(화장품) 상세페이지

뷰티 용품 및 화장품의 상세페이지는 심미적인 부분에 중점을 두는 것이 좋습니다. 아름다워 보이고 예뻐 보일 수 있도록 색상과 글꼴 선택을 해야 합니다. 또한 함유된 성분의 특징을 명확하게 표현해야 하며, 임상실험 결과나 인증서 등을 첨부해 신뢰도를 높여야 합니다.

예제 파일
- 상세페이지03-1, 상세페이지03-2
- serum, serum_texure, 라벤더, 로즈마리, 물방울, 바질, 코스모스, 아이콘_보호, 아이콘_수분, 아이콘_피부장벽

폰트
- 나눔명조 Regular
- 나눔스퀘어 Regular, Bold, ExtraBold

주요 기능
- 이미지 거울 반전시키기(Free Transform)
- 흑백이미지 만들기(Gradient Map)
- 이미지를 레이어에 끼워 넣기(Clipping Mask)
- 레이어 혼합 모드를 이용해 이미지 강조하기 (Blending Mode)

[File]−[New]를 선택하여 새로운 작업 파일
을 만들어 줍니다(단축키: Ctrl + N).

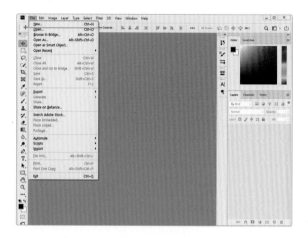

- 파일 이름 : 상세페이지03
- Width(가로 사이즈) : 860 Pixels
- Height(세로 사이즈) : 2500 Pixels
- Resolution(해상도) : 72 Pixels/Inch
- Color Mode(색상 모드) : RGB Color
- Background Contents(배경) : White

Guide를 꺼내기 위해 [Tool] 패널 − [Move
Tool(✛)]을 선택합니다. 상단에 있는 Ruler
의 중간에 마우스를 클릭하여 아래 방향으
로 드래그&드롭하면 화면에 새 Guide가 생
성됩니다. Shift 를 누른 채 드래그하면 픽
셀 단위로 Guide를 꺼낼 수 있습니다. 화면
을 분할하듯 Guide를 미리 꺼내 두면 위치
를 맞추기 좋습니다.

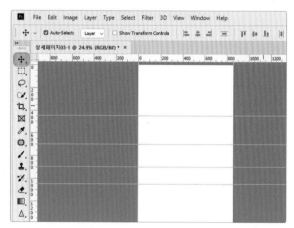

- Guide 위치 : 450px, 700px, 900px, 1050px, 1450px, 2000px

사각형을 그리기 위해 [Tool] 패널 – [Rectangle Tool(■)]을 선택하여 도형을 그립니다. 미리 꺼내 놓은 Guide에 맞춰 사각형을 그려줍니다.

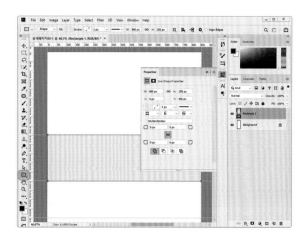

- Width : 860px
- Height : 250px
- Color : f6e8e9

[File]–[Place Embedded]를 선택하여 '코스모스' 이미지를 삽입합니다.

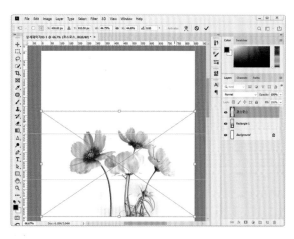

화면에 일부분만 지우기 위해 [Layers] 패널 – [Add layer mask(□)]를 선택해서 '코스모스' 레이어에 레이어 마스크가 추가되면 레이어 섬네일에서 마스크 영역을 선택합니다. [Tool] 패널 – [Brush Tool(✏)]을 선택하여 '코스모스' 이미지의 아래쪽을 검은색으로 칠하면 화면에서 지운 것처럼 가려지는 것을 볼 수 있습니다.

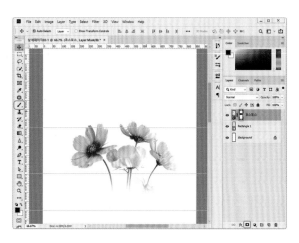

이미지를 반투명하게 만들기 위해 [Tool] 패널 – [Move Tool(✛)]을 선택해서 '코스모스' 레이어를 화면에 적당한 위치에 배치합니다. [Layers] 패널 – '코스모스' 레이어의 Opacity 값을 50%로 변경합니다.

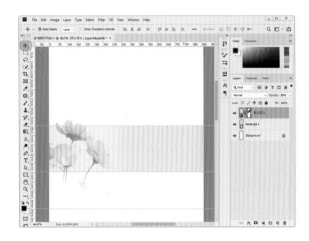

위와 동일한 방법으로 오른쪽 화면에도 코스모스 이미지를 삽입하여 편집합니다.

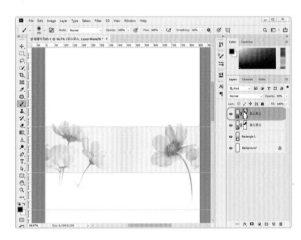

배경에 그라데이션 효과를 넣기 위해 [Layers] 패널 – [Create a new layer(▢)]을 선택하여 새 레이어를 추가합니다. [Tool] 패널 – [Gradient Tool(▮)]을 선택하고 [옵션 바] – [Edit the gradient]를 클릭합니다.

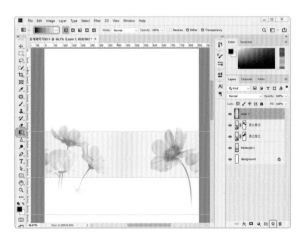

[Gradient Editor] 대화상자가 생성되면 투
명해지는 검은색 그라데이션 색상을 선택합
니다.

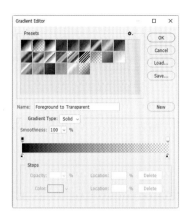

미리 꺼내 놓은 Guide선에 맞춰 작업 화면
에 위에서 아래 방향으로 클릭&드래그하여
그라데이션을 그려줍니다. Shift 를 누른 채
드래그하면 수직/수평 방향의 그라데이션
을 그릴 수 있습니다.

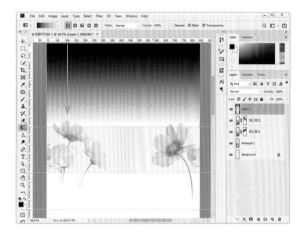

[Layers] 패널에서 그라데이션이 그려 있는
'Layer 1' 레이어의 Opacity 값을 15%로 조절
하여 반투명한 효과를 줍니다.

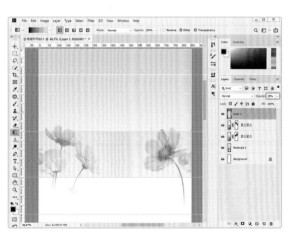

[Tool] 패널 − [Horizontal Type Tool(T)]을
선택하여 문자를 입력합니다.

- 내용 : 수분으로 충전하다
  고보습 수분 세럼
- 글꼴 : 나눔명조 Regular
- 크기 : 55pt
- Color : 444444

선을 그리기 위해 [Tool] 패널 − [Line Tool
(/)]을 선택하여 도형을 그립니다.

- color : #ffffff

[Tool] 패널 − [Horizontal Type Tool(T)]을
선택하여 문자를 입력합니다.

- 내용 : 플라워 하이드로
- 글꼴 : 나눔스퀘어 Regular
- 크기 : 30pt
- Color : 666666

- 내용 : 퍼스트 세럼 꽃물 수분
  세럼
- 글꼴 : 나눔스퀘어 Regular
- 크기 : 30pt
- Color : f175a4

배경을 기준으로 레이어를 정렬시키기 위해
[Layer] 패널에서 'Background' 레이어, '수분
으로…' 문자 레이어, '플라워 하이드로…'
문자 레이어, 'Shape 1' 도형 레이어를 다중
선택한 후 [Tool] 패널 – [Move Tool(✛)]을
선택합니다. [Move Tool(✛)]의 [옵션 바]에
서 다중 선택한 레이어의 정렬 방식 선택이
가능합니다. 'Align horizontal centers(✛)'을
선택하면 'Background' 레이어를 기준으로
가로 방향 가운데 정렬됩니다.

[File]–[Place Embedded]를 선택하여 'Serum'
이미지를 삽입합니다.

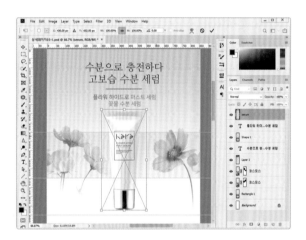

레이어 그룹을 만들기 위해 [Layer] 패널에
서 'Background' 레이어를 제외한 모든 레이
어를 다중 선택합니다. 최상위에 있는 레이
어를 클릭하고, Shift 를 누른 상태에서 최
하위에 있는 레이어를 클릭하면 레이어 다
중 선택을 할 수 있습니다. 레이어가 선택된
상태에서 단축키 Ctrl + G 를 눌러 그룹으로
만들어줍니다.

말풍선을 만들기(사각형 그리기) 위해 [Tool] 패널 – [Rectangle Tool(▬)]을 선택하여 도형을 그립니다.

- Width : 860px
- Height : 150px
- Color : e3e3e3

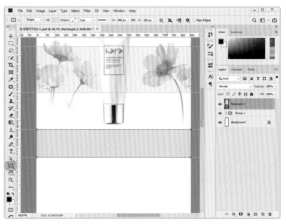

말풍선을 만들기(삼각형 그리기) 위해 위와 같은 방법으로 작은 정사각형을 그립니다. 메뉴에서 [Edit]–[Free Transform]을 선택하고 Shift 를 누른 채 45도 회전시킵니다.

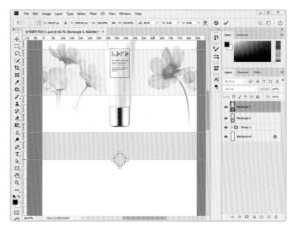

선을 그리기 위해 [Tool] 패널 - [Line Tool
(✏)]을 선택하여 도형을 그립니다. 두 개의
가로 선을 그려줍니다.

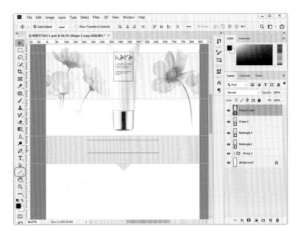

- color : #ffffff

[Tool] 패널 - [Horizontal Type Tool(T)]을
선택하여 문자를 입력합니다.

- 내용 : EFFICACY EFFECT
- 글꼴 : 나눔스퀘어 Bold
- 크기 : 48pt
- Color : 000000

- 내용 : Flower Hydro moist
  first serum
- 글꼴 : 나눔스퀘어 Regular
- 크기 : 18pt
- Color : 000000

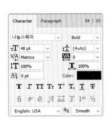

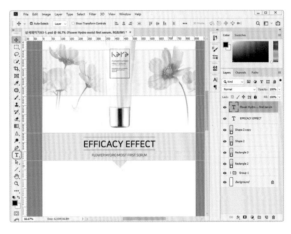

[File]-[Place Embedded]를 선택하여 '아이
콘_수분' 이미지를 삽입합니다.

[Tool] 패널 – [Horizontal Type Tool(T)]을 선택하여 문자를 입력합니다.

- 내용 :
  수렴 정화
  유해한 외부 물질을 방해하여
  활성을 축소화 시켜 수렴 정
  화시키고
  진정시켜 피부를 맑게 합니다.
- 글꼴 : 나눔스퀘어 Regular
- 크기 : 30pt
- Color : 000000

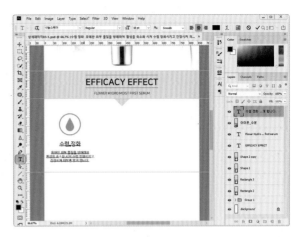

레이어 그룹을 만들기 위해 [Layer] 패널에서 '아이콘_수분' 레이어와 '수렴정화...' 문자 레이어를 다중 선택한 상태에서 단축키 Ctrl + G 를 눌러 그룹으로 만들어줍니다. 동일한 방법으로 나머지 아이콘을 작업합니다.

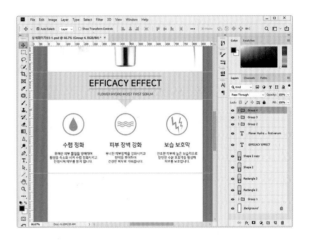

레이어 간격을 일정하게 정렬시키기 위해 [Layer] 패널에서 'Group 2', 'Group 3', 'Group 4' 세 개의 레이어 그룹을 다중 선택한 후 [Tool] 패널 – [Move Tool(✛)]을 선택합니다. [Move Tool(✛)]의 [옵션 바]에서 다중 선택한 레이어의 정렬 방식 선택이 가능합니다. 'Distribute horizontally(∥)'을 선택하면 수평으로 균등 분배됩니다. 즉, 가로로 배치되어 있는 레이어의 가로 간격이 일정하게 정렬됩니다.

[File]−[Place Embedded]를 선택하여 '물방울' 이미지를 삽입합니다.

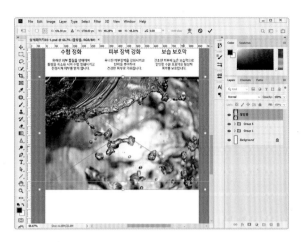

레이어 마스크를 이용해 이미지의 일부분을 지우기 위해 '물방울' 레이어를 선택한 상태에서 [Layer] 패널 − [Layer Mask(▢)]를 선택하여 레이어 마스크를 추가합니다.

[Tool] 패널 − [Rectangular Marquee Tool(▢)]을 선택하여 작업 화면에서 지울 부분을 영역으로 지정합니다.

전경색을 검은색(#000000)으로 바꾸고 전
경색 채우기 단축키(<kbd>Alt</kbd>+<kbd>Delete</kbd>)로 선택
영역에 검은색으로 칠해 줍니다. 메뉴에서
[Select]−[Deselect]를 선택하여 화면에 지정
한 선택 영역을 해제합니다(단축키 : <kbd>Ctrl</kbd>
+<kbd>D</kbd>).

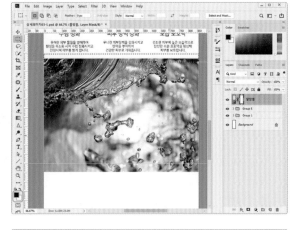

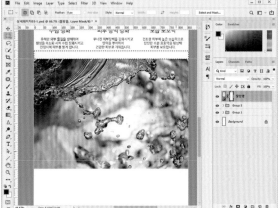

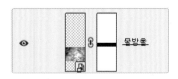

위와 동일한 방법으로 '물방울' 이미지의 아
래쪽도 지워줍니다.

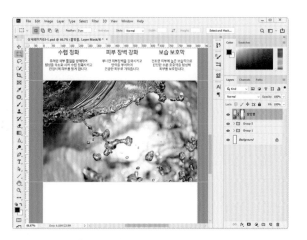

흑백 이미지를 만들기 위해 [Layers] 패널 – [Adjustment layer(⬤)] – [Gradient Map]를 선택하여 조정 레이어를 추가합니다. 조정 레이어를 추가하면 [Properties] 패널이 활성화되어 조정 레이어의 옵션 값을 변경할 수 있습니다. [Gradient Editor] 대화상자가 활성화되면 컬러를 'Black & White'로 지정합니다.

'Gradient Map 1' 레이어의 하위에 있는 모든 레이어에 효과가 적용되었습니다. '물방울' 레이어에만 효과가 적용될 수 있도록 레이어 마스크를 활용합니다. 메뉴에서 [Layer]–[Create Clipping Mask]를 선택하여 클리핑 마스크를 적용합니다(단축키 : Alt + Ctrl + G).

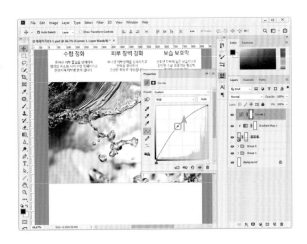

이미지의 명도를 변경하기 위해 [Layers] 패널 – [Adjustment layer(⬤)] – [Curves]를 선택하여 조정 레이어를 추가합니다. 조정 레이어를 추가하면 [Properties] 패널이 활성화되어 조정 레이어의 옵션 값을 변경할 수 있습니다. Curves의 대각선을 위쪽으로 드래그하여 전체적으로 밝아질 수 있도록 조정합니다.

'Curves 1' 레이어의 하위에 있는 모든 레이어에 효과가 적용되었습니다. '물방울' 레이어에만 효과가 적용될 수 있도록 레이어 마스크를 활용합니다. 메뉴에서 [Layer]-[Create Clipping Mask]를 선택하여 클리핑 마스크를 적용합니다(단축키 : Alt + Ctrl + G).

[File]-[Place Embedded]를 선택하여 'Serum' 이미지를 삽입한 후 회전시킵니다.

위와 동일한 방법으로 'serum_texure' 이미지를 작업 화면에 배치합니다.

[Tool] 패널 – [Horizontal Type Tool(T)]을
선택하여 문자를 입력합니다.

- 내용 : 수분 팡팡
- 글꼴 : 나눔명조 Regular
- 크기 : 60pt
- Color : 9c9c9c

- 내용 : 꽃물 수분 세럼
- 글꼴 : 나눔명조 ExtraBold
- 크기 : 60pt
- Color : f19ab9

사각형을 그리기 위해 [Tool] 패널 –
[Rectangle Tool(▦)]을 선택하여 도형을 그
립니다.

- Width : 860px
- Height : 400px
- Color : ffffff

[File]−[Place Embedded]를 선택하여 '라벤더' 이미지를 삽입한 후 각도와 크기를 조절합니다.

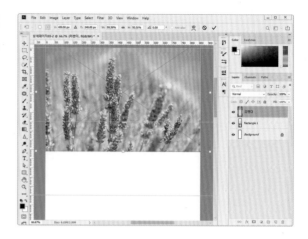

이미지를 액자에 끼워 넣기 위해 메뉴에서 [Layer] − [Create Clipping Mask]를 선택하여 클리핑 마스크를 적용합니다(단축키 : Alt + Ctrl + G). [Layers] 패널 − '라벤더' 레이어의 Opacity 값을 20%로 변경합니다.

원형을 그리기 위해 [Tool] 패널 − [Ellipse Tool(●)]을 선택하여 도형을 그립니다.

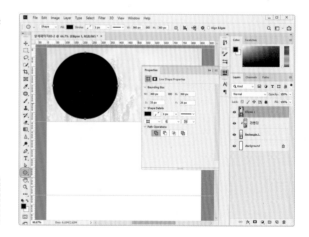

· Width : 360px
· Height : 360px
· Color : 000000

[File]-[Place Embedded]를 선택하여 '라벤더' 이미지를 삽입한 후 각도와 크기를 조절합니다.

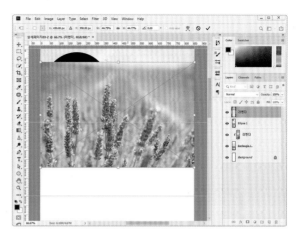

이미지를 액자에 끼워 넣기 위해 메뉴에서 [Layer]-[Create Clipping Mask]를 선택하여 클리핑 마스크를 적용합니다(단축키 : Alt + Ctrl + G). [Layers] 패널 – '라벤더' 레이어의 Opacity 값을 60%로 변경합니다.

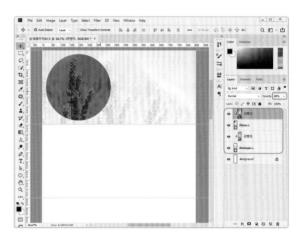

[Tool] 패널 – [Horizontal Type Tool(T)]을 선택하여 문자를 입력합니다.

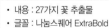
- 내용 : 27가지 꽃 추출물
- 글꼴 : 나눔스퀘어 ExtraBold
- 크기 : 48pt
- Color : ffffff

문자에 그림자 효과를 넣기 위해 [Layers] 패널 − [Layer Style(*fx*)] − [Drop Shadow]를 선택합니다. [Layer Style] 대화상자가 실행되면 'Drop Shadow'의 옵션을 변경합니다.

- Opacity : 50%
- Distance : 0px
- Size : 5px

[Tool] 패널 − [Horizontal Type Tool(**T**)]을 선택하여 문자를 입력합니다.

- 내용 : 진정
- 글꼴 : 나눔스퀘어 ExtraBold
- 크기 : 48pt
- Color : 673a96

- 내용 : 27가지 꽃 추출물로
  지친 피부에 활기와 생기를
  불어넣어주는 진정 효과
- 글꼴 : 나눔스퀘어 Regular
- 크기 : 30pt
- Color : 000000

위와 동일한 방법으로 두 번째 이미지도 작업합니다. 위의 상세페이지를 제작하는 방법을 이용해 나머지 상세페이지도 완성해봅니다.

12 SECTION 홍보 포스터 ①

배경 이미지를 활용하고 혼합 모드 합성과 타이포그래피를 이용하여 간단하게 만들 수 있는 수강생 모집 홍보 포스터를 제작해 보겠습니다.

예제 파일
- 포스터01
- 쿠킹

사이즈
- 포스터 템플릿 사이즈(600×900px)

폰트
- Tmon몬소리
- 나눔스퀘어 Regular, Bold

주요 기능
- 이미지 삽입하기(Place Embedded)
- 도형의 면과 선 활용하기(Shape Tool)
- 혼합 모드 활용하기(Blending Mode)
- 입체 문자 만들기(Type Tool)

[File]-[New]를 선택하여 새로운 작업 파일을 만들어 줍니다(단축키: Ctrl+N).

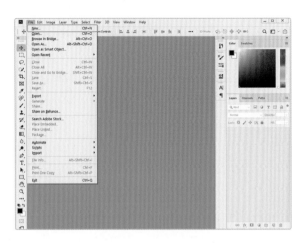

- 파일 이름 : 포스터01
- Width(가로 사이즈) : 600 Pixels
- Height(세로 사이즈) : 900 Pixels
- Resolution(해상도) : 72 Pixels/Inch
- Color Mode(색상 모드) : RGB Color
- Background Contents(배경) : White

[File]-[Place Embedded]를 선택하여 '쿠킹' 이미지를 삽입합니다.

사각형을 그리기 위해 [Tool] 패널 - [Rectangle Tool(■)]을 선택하여 도형을 그립니다.

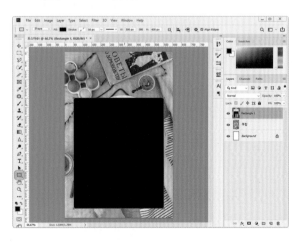

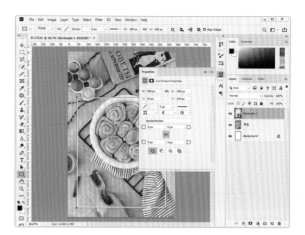

- W : 500px
- H : 600px
- Set shape fill type : No color
- Set shape stroke type : #ffffff / 5px

위와 동일한 방법으로 사각형을 그려줍니다.

- W : 500px
- H : 600px
- Set shape fill type : #a06224

도형에 혼합 모드를 설정해 합성하기 위해 'Rectangle 2' 레이어를 선택한 상태에서 [Layers] 패널 – [Blending Mode]를 'Multiply'로 변경하면 '쿠킹' 레이어와 자연스럽게 합성되는 것을 볼 수 있습니다.

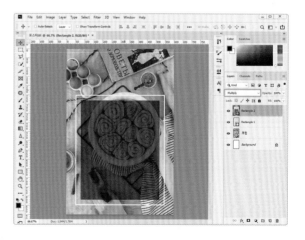

배경을 기준으로 레이어를 정렬시키기 위해 [Layer] 패널에서 'Rectangle 1' 레이어, 'Rectangle 2' 레이어, 'Background' 레이어를 다중 선택한 후 [Tool] 패널 – [Move Tool(✛)]을 선택합니다.

[Move Tool(✛)]의 [옵션 바]에서 다중 선택한 레이어의 정렬 방식 선택이 가능합니다. 'Align horizontal centers(⬌)'을 선택하면 'Background' 레이어를 기준으로 가로 방향 가운데 정렬되고, 'Align vertical centers(⬍)'을 선택하면 'Background' 레이어를 기준으로 세로 방향 가운데 정렬됩니다. 두 버튼을 선택하여 원형을 화면의 중앙에 위치합니다.

STEP 02 내용 꾸미기

모서리가 둥근 사각형을 그리기 위해 [Tool] 패널 – [Rounded Rectangle Tool(▭)]을 선택하여 도형을 그립니다.

- W : 200px
- H : 50px
- Set shape fill type : #d6bca8
- Corner Radius : 25px

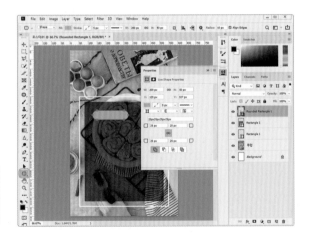

도형을 복사하기 위해 [Layers] 패널에서
'Rounded Rectangle 1' 레이어를 선택합니
다. [Tool] 패널 − [Move Tool(✛)]을 선택
한 상태에서 Alt 를 누른 채 마우스로 드
래그하여 레이어를 복사합니다(화면에 이중
화살표(▶) 표시됨).

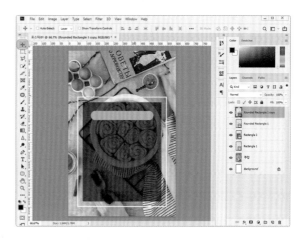

복사한 도형 옵션을 변경하기 위해 [Layers]
패널에서 'Rounded Rectangle 1 copy' 레이
어를 선택하고 [Properties] 패널에서 도형의
옵션을 변경합니다.

- W : 200px
- H : 50px
- Set shape fill type : #724619
- Set shape stroke type : #d6bca8 / 5px
- Corner Radius : 25px

원형을 그리기 위해 [Tool] 패널 − [Ellipse
Tool(⬤)]을 선택하여 도형을 그립니다.

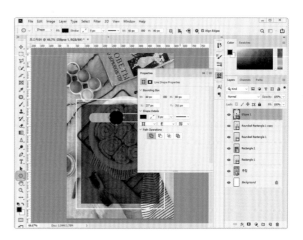

- W : 80px
- H : 80px
- Set shape fill type : #000000

[Tool] 패널 - [Horizontal Type Tool(T)]을
선택하여 문자를 입력합니다.

- 내용 : 취미/기본반
- 글꼴 : 나눔스퀘어 Bold
- 크기 : 20pt
- Color : 643d19

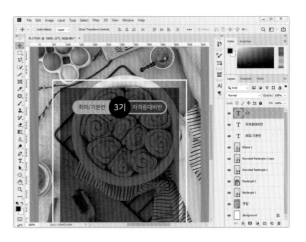

위와 동일한 방법으로 문자를 입력합니다.

- 내용 : 자격증대비반
- 글꼴 : 나눔스퀘어 Bold
- 크기 : 20pt
- Color : d6bca8

- 내용 : 3기
- 글꼴 : 나눔스퀘어 Bold
- 크기 : 30pt
- Color : ffffff

입체 문자를 만들기(문자 입력하기) 위해
[Tool] 패널 - [Horizontal Type Tool(T)]을
선택하여 문자를 입력합니다.

- 내용 : 홈베이킹
       어디서
       배우세요?
- 글꼴 : Tmon몬소리
- 크기 : 72pt
- Color : ffffff

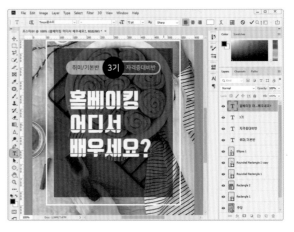

입체 문자를 만들기(문자 레이어 복사하여 옵션 변경하기) 위해 '홈베이킹 어디서...' 문자 레이어를 선택한 상태에서 단축키 Ctrl+J를 이용해 문자 레이어를 복사한 후 [Character] 패널에서 문자의 옵션을 변경합니다.

• Color : 000000

입체 문자를 만들기(입체 만들기) 위해 [Tool] 패널 − [Move Tool(✛)]을 선택합니다. '홈베이킹 어디서...copy' 문자 레이어를 선택한 상태에서 단축키 Ctrl+J를 이용해 문자 레이어를 복사한 후 키보드에서 방향키 →와 ↓를 한 번씩 눌러줍니다. [Move Tool(✛)]을 선택한 상태에서 방향키를 누르면 1px씩 이동시킬 수 있습니다.

위의 과정을 24번 반복합니다(Ctrl+J, →, ↓).

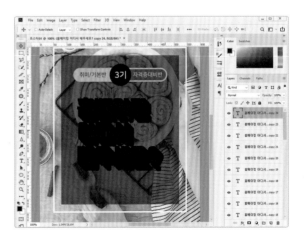

입체 문자를 만들기(레이어 병합하기) 위해
[Layers] 패널에서 복사한 24개의 문자 레이
어를 다중 선택합니다.

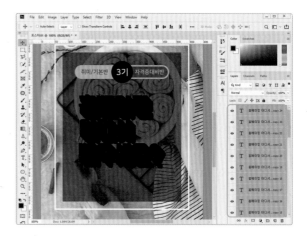

메뉴에서 [Layer]−[Merge Layers]를 선택합
니다.

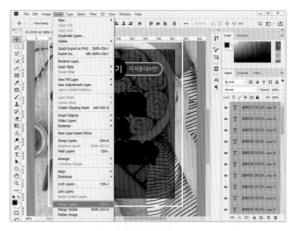

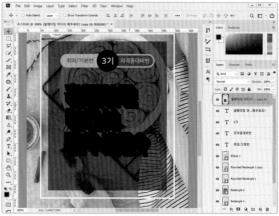

입체 문자를 만들기(레이어 순서 정리하기) 위해 병합한 레이어 위로 '홈베이킹 어디서...' 문자 레이어 순서를 바꿔 입체 문자를 완성합니다.

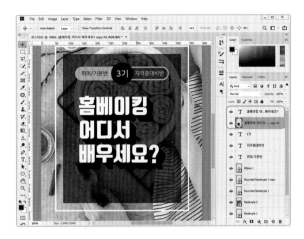

[Tool] 패널 – [Horizontal Type Tool(T)]을 선택하여 문자를 입력합니다.

- 내용 :
  누구나 할 수 있는 홈베이킹 어렵지 않아요, 따라만 하면 맛있게 완성!
- 글꼴 : 나눔스퀘어 Regular
- 크기 : 24pt
- Color : ffffff

홍보 포스터 ②

흐림 효과를 활용하여 변형된 그림자를 만들고 이미지 편집을 응용하여 간단하게 만들 수 있는 온라인 스토어 세일 홍보 포스터를 제작해 보겠습니다.

예제 파일
• 포스터03
• 꽃

사이즈
• 포스터 템플릿 사이즈(600×900px)

폰트
• Tmon몬소리
• 나눔스퀘어 Bold

주요 기능
• 이미지 일부분만 오려내기(Lasso Tool)
• 흔들리는 그림자 만들기(Motion Blur)
• 이미지의 일부분만 지우기(Layer Mask)
• 레이어 정리하기(Group)

[File]-[New]를 선택하여 새로운 작업 파일을 만들어 줍니다(단축키: Ctrl + N).

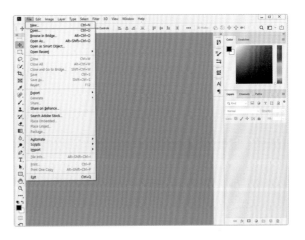

- 파일 이름 : 포스터02
- Width(가로 사이즈) : 600 Pixels
- Height(세로 사이즈) : 900 Pixels
- Resolution(해상도) : 72 Pixels/Inch
- Color Mode(색상 모드) : RGB Color
- Background Contents(배경) : White

배경에 단색을 넣기 위해 [Layers] 패널 - [Adjustment layer(◑)] - [Solid Color]를 선택하여 조정 레이어를 추가합니다. [Color Picker] 대화상자에서 색상코드 입력란에 'c8dada'를 입력하여 색상을 선택합니다.

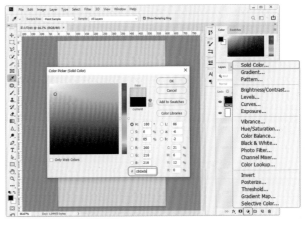

[Tool] 패널 - [Horizontal Type Tool(T)]을 선택하여 문자를 입력합니다.

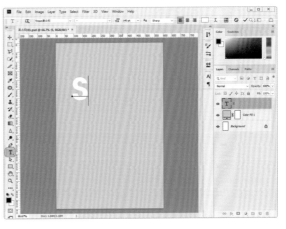

- 내용 : S
- 글꼴 : Tmon몬소리
- 크기 : 140pt
- Color : ffffff

위와 동일한 방법으로 PRING 알파벳을 입력합니다.

레이어를 복사하기 위해 'S' 문자 레이어를 선택한 상태에서 [Layer]−[Duplicate Layer] 메뉴를 선택하면 대화상자가 열리고, 레이어의 이름을 지정해 복사할 수 있습니다(단축키 : Ctrl + J).

'S copy' 문자 레이어를 선택하여 [Character] 패널에서 문자의 옵션을 변경합니다.

• Color : 000000

문자에 흐림 효과를 넣기 위해 메뉴에서 [Filter] – [Blur] – [Motion Blur]를 선택합니다. 경고 대화상자가 실행되면 'Convert To Smart Object'를 선택합니다.

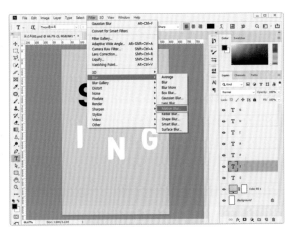

[Motion Blur] 대화상자가 실행되면 옵션 값을 입력해 흐림 효과를 적용합니다.

- Angle : 0
- Distance : 80 Pixels

레이어 마스크를 활용해 필터 효과 일부분만 숨기기 위해 'S' 레이어의 'Smart Filters' 영역을 선택합니다. [Tool] 패널 – [Brush Tool(✎)]을 선택하여 'Smart Filters' 영역 검은색으로 칠하면 화면에서 필터 효과가 사라지는 것을 볼 수 있습니다. 작업 화면에서 'S'의 왼쪽에 적용된 필터 부분을 검은색으로 칠해줍니다.

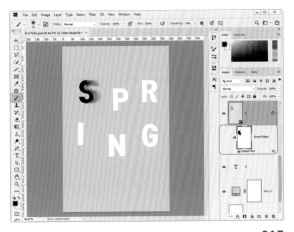

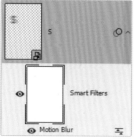

▲ 적용 전

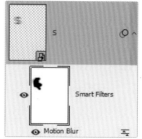

▲ 적용 후

[Layers] 패널에서 필터가 적용된 'S' 레이어를 'S' 문자 레이어 아래로 순서를 변경하고 Opacity 값을 60%로 변경하여 반투명한 효과를 적용합니다.

위와 동일한 방법으로 나머지 알파벳에도 'Motion Blur'를 적용합니다.

레이어 그룹을 만들기 위해 [Layer] 패널에
서 'SPRING' 알파벳 레이어를 다중 선택합
니다. 최상위에 있는 레이어를 클릭하고,
Shift 를 누른 상태에서 최하위에 있는 레이
어를 클릭하면 레이어 다중 선택을 할 수 있
습니다. 레이어가 선택된 상태에서 단축키
Ctrl + G 를 눌러 그룹으로 만들어줍니다.

[Layers] 패널에서 'Group 1'을 더블클릭하
면 레이어 그룹의 이름을 변경할 수 있습니
다. 레이어 및 레이어 그룹의 이름을 지정해
두면 수정, 편집 작업을 할 때 용이합니다.

▶STEP 02 사각형 그리기

[Tool] 패널 - [Rectangle Tool(▦)]을 선택
하여 도형을 그립니다.

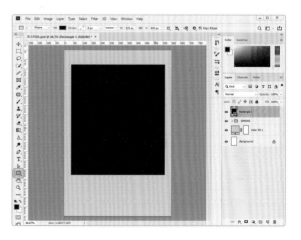

- W : 525px
- H : 600px
- Set shape fill type : No color
- Set shape stroke type : #ffffff / 8px

메뉴에서 [File] − [Open]을 선택해 '꽃' 이
미지 파일을 불러옵니다.

여러 개의 파일이 열려 있으면 화면에 Tab의 형태로 표시됩니다. Tab을 클릭해 파일을 선택할 수 있습니다.

이미지의 일부분만 선택 영역으로 지정해서 복사하고 붙여넣기 위해 [Tool] 패널 − [Lasso Tool(◯)]을 선택한 후 작업 화면에 그림 그리듯이 드래그하여 영역을 지정할 수 있습니다. 꽃 한송이를 주변을 감싸듯 영역을 지정합니다. 영역이 선택되면 단축키 Ctrl + C 를 이용해 선택된 부분을 복사합니다.

작업 중이던 '포스터03.psd' 파일을 선택한 후 단축키 Ctrl + V 를 누르면 레이어가 생성되면서 꽃이 작업 화면에 나타나는 것을 볼 수 있습니다.

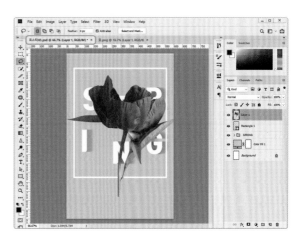

레이어의 크기를 바꾸고 회전하기 위해 메뉴에서 [Edit] − [Free Transform]을 선택하고 마우스를 이용해 바운딩 박스 모서리의 조절점을 드래그하여 원하는 크기로 조정한 후 회전시켜 적당한 위치에 배치합니다.

이미지 레이어의 일부분을 지우기 위해 [Tool] 패널 − [Eraser Tool(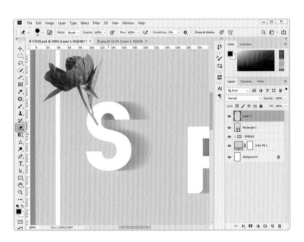)]을 선택한 후 알파벳 'S'에 겹치는 부분을 지워줍니다.

위와 동일한 방법으로 '꽃' 이미지에 있는 나
머지 꽃들도 '포스터03' 파일에 붙여넣어줍
니다. 위의 'SPRING'과 동일하게 그룹으로
만들면 레이어를 관리하기 용이합니다.

[Tool] 패널 − [Horizontal Type Tool(T)]을
선택하여 문자를 입력합니다.

- 내용 : online store spring
  sale
- 글꼴 : 나눔스퀘어 Bold
- 크기 : 24pt
- 자간 : 200
- Color : ffffff
- All Caps : on

위와 동일한 방법으로 문자를 입력합니다.

- 내용 : SALE
- 글꼴 : Tmon몬소리
- 크기 : 110pt
- Color : fcffd0

14 SECTION 홍보 포스터 ③

흐림 효과를 활용하여 변형된 그림자를 만들고, 이미지 편집을 응용하여 간단하게 만들 수 있는 온라인 스토어 세일 홍보 포스터를 제작해 보겠습니다.

예제 파일
- 포스터04
- 몰디브, 야자수, 칸쿤, 하와이

사이즈
- 포스터 템플릿 사이즈(600×900px)

폰트
- 여기어때잘난서체
- 나눔스퀘어라운드 Bold, ExtraBold

주요 기능
- 이미지 자연스럽게 지우기(Layer Mask)
- 이미지에 그라데이션 효과 넣기(Gradient Tool/Blending Mode)
- 이미지에 집중 효과 넣기(Polar Coordinates)
- 자유 도형 그리기(Pen Tool)
- 이미지 액자에 끼우기(Clipping Mask)

[File]-[New]를 선택하여 새로운 작업 파일
을 만들어 줍니다(단축키: Ctrl + N).

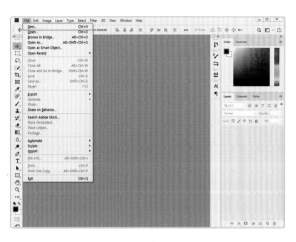

- 파일 이름 : 포스터04
- Width(가로 사이즈) : 600 Pixels
- Height(세로 사이즈) : 900 Pixels
- Resolution(해상도) : 72 Pixels/Inch
- Color Mode(색상 모드) : RGB Color
- Background Contents(배경) : White

[File]-[Place Embedded]를 선택하여 '야자
수' 이미지를 삽입합니다.

레이어 마스크를 이용해 이미지의 일부분을
지우기 위해 '야자수' 레이어를 선택한 상태
에서 [Layer] 패널 - [Layer Mask(🔲)]를 선
택하여 레이어 마스크를 추가합니다. [Tool]
패널 - [Gradient Tool(▬)]을 선택하고 [옵
션 바] - [Edit the gradient]를 클릭합니다.

[Gradient Editor] 대화상자가 생성되면 'Black, White' 선택합니다.

작업 화면에 위에서 아래 방향으로 클릭&드 래그하여 사진 아래쪽에 걸쳐 그라데이션을 그려줍니다. Shift를 누른 채 드래그하면 수 직/수평 방향의 그라데이션을 그릴 수 있습 니다. 검은색으로 채워진 부분이 화면에서 지운 것처럼 가려지는 것을 볼 수 있습니다.

특정 영역에만 그라데이션 효과를 넣어 합성 하기 위해 [Layers] 패널 − [Create a new layer (🗋)]을 선택하여 새 레이어를 추가합니다.

[Tool] 패널 − [Rectangular Marquee Tool
(▭)]을 선택하여 그라데이션 효과를 넣을
부분을 영역으로 지정하고 [Tool] 패널 −
[Gradient Tool(▬)]을 선택하고 [옵션 바] −
[Edit the gradient]를 클릭합니다.

[Gradient Editor] 대화상자가 생성되면
'Stops'를 추가해 그라데이션 색상을 변경합
니다.

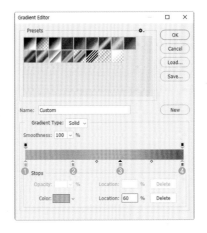

❶ Stops − Color : #66bee7 / Location : 0%
❷ Stops − Color : #ed99b5 / Location : 30%
❸ Stops − Color : #fbbc1d / Location : 60%
❹ Stops − Color : #ee3e1c / Location : 100%

작업 화면에 위에서 아래 방향으로 클릭&드
래그하여 선택 영역 안에 그라데이션을 그
려줍니다. [Shift]를 누른 채 드래그하면 수
직/수평 방향의 그라데이션을 그릴 수 있습
니다.

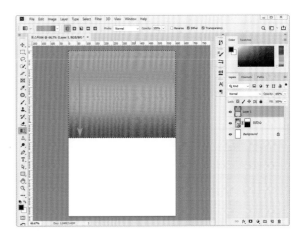

메뉴에서 [Select] − [Deselect]를 선택하여 화면에 지정한 선택 영역을 해제합니다(단축키 : Ctrl + D).

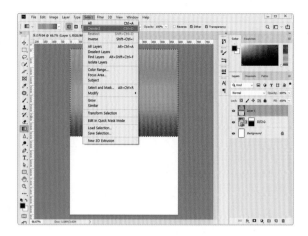

레이어에 혼합 모드를 설정해 합성하기 위해 'Layer 1' 레이어를 선택한 상태에서 [Layers] 패널 − [Blending Mode]를 'Overlay'로 변경하면 '야자수' 레이어와 자연스럽게 합성되는 것을 볼 수 있습니다.

이미지에 집중 효과를 넣기(새로만들기) 위해 [File]−[New]를 선택하여 새로운 작업 파일을 만들어 줍니다(단축키: Ctrl + N).

- 파일 이름 : 카드뉴스04
- Width(가로 사이즈) : 900 Pixels
- Height(세로 사이즈) : 900 Pixels
- Resolution(해상도) : 72 Pixels/Inch
- Color Mode(색상 모드) : RGB Color
- Background Contents(배경) : White

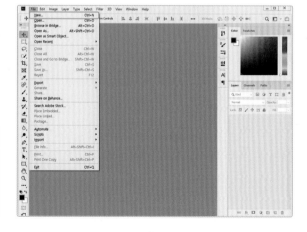

이미지에 집중 효과를 넣기(Guide 꺼내기) 위해 [Tool] 패널 – [Move Tool(✛)]을 선택합니다. 왼쪽에 있는 Ruler의 중간에 마우스를 클릭하여 오른쪽 방향으로 드래그&드롭하면 화면에 새 Guide가 생성됩니다. Shift 를 누른 채 드래그하면 픽셀 단위로 Guide를 꺼낼 수 있습니다. 50px 간격으로 꺼내 놓습니다.

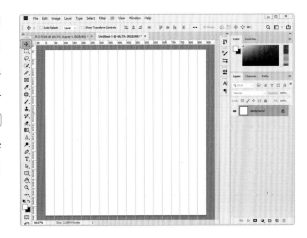

이미지에 집중 효과를 넣기(영역 선택하여 색 채우기) 위해 [Layers] 패널 – [Create a new layer(🗖)]을 선택하여 새 레이어를 추가합니다. [Tool] 패널 – [Rectangular Marquee Tool(⬚)]을 선택하여 미리 꺼내 놓은 가이드에 맞춰 선택 영역으로 지정합니다.

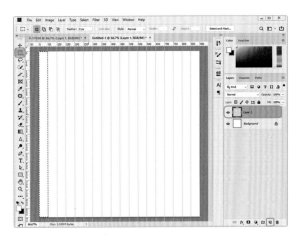

전경색이 흰색(#ffffff)인 것을 확인하고 전경색 채우기 단축키(Alt + Delete)로 선택 영역에 흰색으로 칠해 줍니다. 이때 [Layers] 패널에서 'Background' 레이어의 눈(◉)을 클릭하여 숨겨두면 작업하기 쉽습니다. 메뉴에서 [Select] – [Deselect]를 선택하여 화면에 지정한 선택 영역을 해제합니다(단축키 : Ctrl + D).

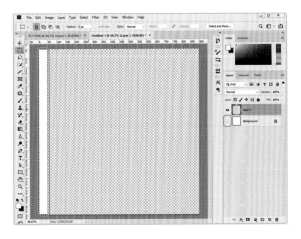

위와 동일한 방법으로 'Layer 1' 레이어에 세
로 줄무늬로 색을 칠해 줍니다.

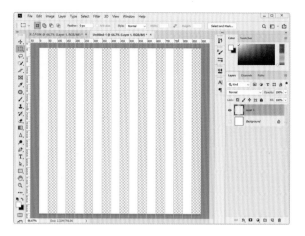

이미지에 집중 효과를 넣기(필터 적용하기)
위해 메뉴에서 [Filter] – [Distort] – [Polar
Coordinates]를 선택합니다.

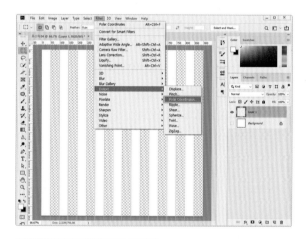

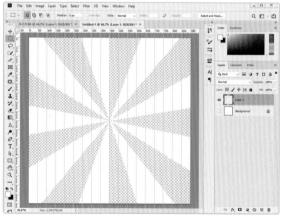

집중 효과를 복사해서 붙여넣기 위해 메뉴에서 [Select] − [All]을 선택하여 화면의 전체를 선택 영역으로 지정합니다. 영역이 선택되면 단축키 Ctrl+C를 이용해 선택된 부분을 복사합니다.

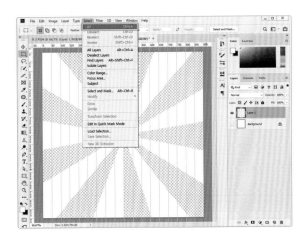

작업 중이던 '포스터04.psd' 파일을 선택한 후 단축키 Ctrl+V를 누르면 레이어가 생성되면서 붙여넣기가 됩니다.

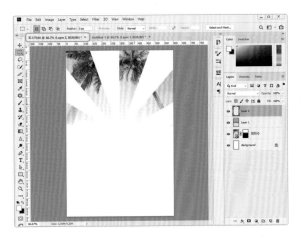

레이어의 크기를 바꾸기 위해 메뉴에서 [Edit] − [Free Transform]을 선택하고 마우스를 이용해 바운딩 박스 모서리의 조절점을 드래그하여 원하는 크기로 조정합니다.

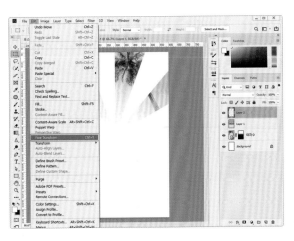

레이어 마스크를 이용해 이미지의 일부분을
지우기 위해 'Layer 2' 레이어를 선택한 상태
에서 [Layer] 패널 – [Layer Mask(◻)]를 선
택하여 레이어 마스크를 추가하고 [Tool] 패
널 – [Brush Tool(✐)]을 선택하여 'Layer 2'
레이어의 중앙을 검은색으로 칠하면 화면에
서 지운 것처럼 가려지는 것을 볼 수 있습
니다.

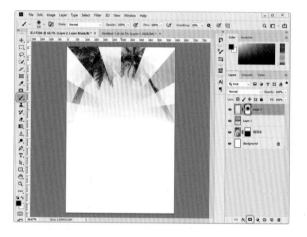

이미지에 혼합 모드를 설정해 합성하기 위해
'Layer 2' 레이어를 선택한 상태에서 [Layers]
패널 – [Blending Mode]를 'Soft Light'로 변
경하면 하위 레이어와 자연스럽게 합성되는
것을 볼 수 있습니다.

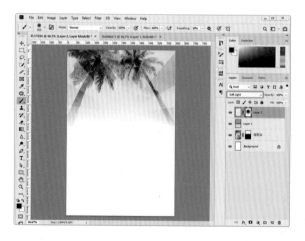

[Tool] 패널 — [Horizontal Type Tool(T)]을
선택하여 문자를 입력합니다.

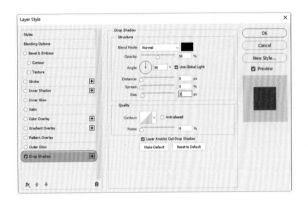

- 내용 : COOL SUMMER
- 글꼴 : 여기어때잘난서체
- 크기 : 72pt
- 행간 : 65pt
- Color : ffffff

문자에 그림자 효과를 넣기 위해 [Layers] 패
널 — [Layer Style(fx)] — [Drop Shadow]를
선택합니다.

[Layer Style] 대화상자가 실행되
면 'Drop Shadow'의 옵션을 변경
합니다.

- Opacity : 50%
- Distance : 0px
- Size : 3px

▲ Drop Shadow 적용 전

▲ Drop Shadow 적용 후

사각형을 그리기 위해 [Tool] 패널 − [Rectangle Tool(█)]을 선택하여 도형을 그립니다.

- W : 600px
- H : 100px
- Set shape fill type : #fcb801

위와 같은 방법으로 작은 정사각형을 그리고 [Edit] − [Free Transform]을 선택하여 Shift 를 누른 채 45도 회전시킵니다.

[Tool] 패널 − [Horizontal Type Tool(T)]을 선택하여 문자를 입력합니다.

- 내용 : 여름휴가에 떠나고 싶은
- 글꼴 : 나눔스퀘어라운드 Bold
- 크기 : 30pt
- Color : ffffff

- 내용 : 해외 여행지 BEST 3
- 글꼴 : 나눔스퀘어라운드 ExtraBold
- 크기 : 36pt
- Color : ffffff

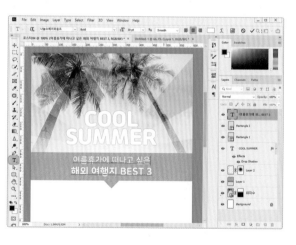

위와 동일한 방법으로 문자를 입력합니다.

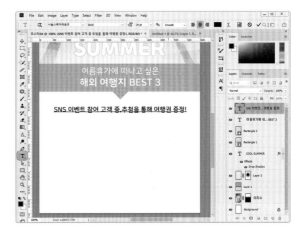

- 내용 : SNS 이벤트 참여 고객 중 추첨을 통해 여행권 증정!
- 글꼴 : 나눔스퀘어라운드 Bold
- 크기 : 24pt
- Color : 000000

STEP 02 포스터 내용 꾸미기

Guide를 꺼내기 위해 [Tool] 패널 – [Move Tool(✥)]을 선택합니다. 상단에 있는 Ruler의 중간에 마우스를 클릭하여 아래 방향으로 드래그&드롭하면 화면에 새 Guide가 생성됩니다. Shift 를 누른 채 드래그하면 픽셀 단위로 Guide를 꺼낼 수 있습니다.

- Guide 가로선 위치 : 600px, 770px, 800px
- Guide 세로선 위치 : 10px, 165px, 195px, 590px

사각형을 그리기 위해 [Tool] 패널 – [Rectangle Tool()]을 선택하여 도형을 그립니다.

- W : 185px
- H : 260px
- Set shape fill type : #7cd5d4

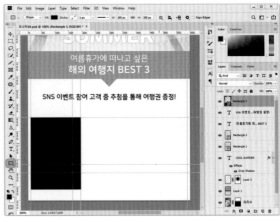

펜을 이용해 자유 도형을 그리기 위해 [Tool] 패널 – [Pen Tool(✒)]을 선택한 후 Pick tool mode를 'Shape'로 변경합니다.

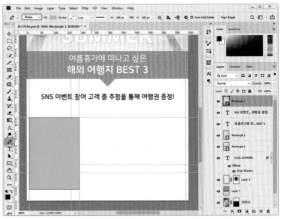

미리 꺼내 놓은 가이드에 맞춰 오각형을 그립니다.

메뉴에서 [View] − [Show] − [Guides]를 선택
하면 화면에서 가이드를 숨길 수 있습니다.

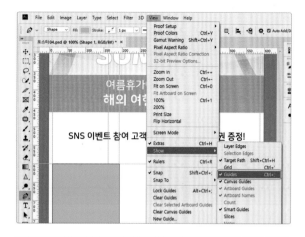

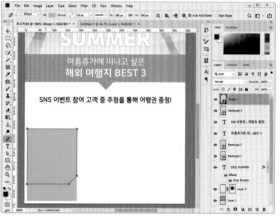

[File]−[Place Embedded]를 선택하여 '하와
이' 이미지를 삽입합니다.

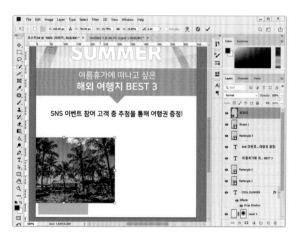

이미지를 액자에 끼워 넣기 위해 [Layer] –
[Create Clipping Mask]를 선택하여 클리핑
마스크를 적용합니다(단축키 : Alt + Ctrl +
G).

사각형을 그리기 위해 [Tool] 패널 –
[Rectangle Tool(▬)]을 선택하여 도형을 그
립니다.

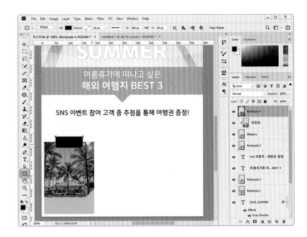

[Tool] 패널 – [Horizontal Type Tool(T)]을
선택하여 문자를 입력합니다.

- 내용 : 하와이
- 글꼴 : 나눔스퀘어라운드 Bold
- 크기 : 24pt
- Color : ffffff

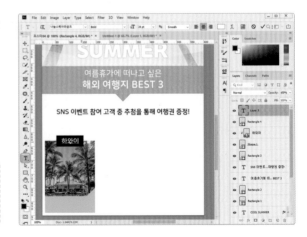

위와 동일한 방법으로 문자를 입력합니다.

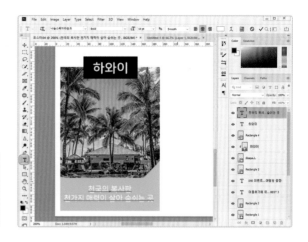

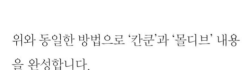

- 내용 : 천국의 복사판
  천가지 매력이 살아 숨쉬는 곳
- 글꼴 : 나눔스퀘어라운드 Bold
- 크기 : 14pt
- Color : ffffff

레이어 그룹을 만들기 위해 [Layer] 패널에
서 하와이에 해당하는 레이어를 다중 선택
합니다. 최상위에 있는 레이어를 클릭하고,
Shift 를 누른 상태에서 최하위에 있는 레이
어를 클릭하면 레이어 다중 선택을 할 수 있
습니다. 레이어가 선택된 상태에서 단축키
Ctrl + G 를 눌러 그룹으로 만들어줍니다.

위와 동일한 방법으로 '칸쿤'과 '몰디브' 내용
을 완성합니다.

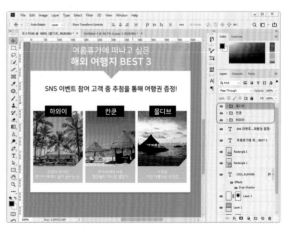

잘 만든 상세페이지와 카드뉴스는 자체만으로도

마케팅 수단이 되지만, 그에 앞서 고객에게 도달하게

해야 합니다. 지금까지 제작한 콘텐츠를 채널에 맞게

업로드하고 퍼트려야 마케팅 효과를 충분히 볼 수 있습니다.

PART

05

손실 ZERO!
SNS 홍보 마케팅!

01 SECTION 채널 및 쇼핑몰 상품 등록

NAVER 스마트스토어에 상품 등록하기

☀ 회원가입

스마트스토어에 상품을 등록하기 위해서는 판매회원으로 가입해야 합니다. 사업자 등록을 한 사업자 회원 또는 개인 판매 회원으로 등록할 수 있습니다. 네이버 스마트스토어센터(https://sell. smartstore.naver.com)에 접속하여 [판매자 가입하기]를 클릭합니다.

판매자 유형을 '개인', '사업자', '해외사업자' 중에 선택하고 인증 단계를 거치면 정보입력 후 가입 신청을 완료할 수 있습니다.

✳ 상품 등록

좌측 메뉴에서 [상품 관리]-[상품 등록]을 선
택합니다.

✳ 카테고리

네이버 지식쇼핑으로 들어오는 모든 상품은 하
나의 카테고리에 매칭되어 서비스 카테고리에
매칭된 상품은 해당 카테고리의 명칭과 관련된
키워드를 검색 키워드로 가지게 되며, 카테고
리명이 상품명에 없더라도 카테고리 관련 키워
드로 검색이 가능합니다. 따라서 상품의 성격

에 맞는 정확한 카테고리에 매칭하는 것이 중요합니다.

✳ 상품명

- 제조사, 유통 채널에서 이용되는 공식적인 상품 정보만 사용합니다.
- 상품 정보에 이벤트, 구매 조건 등의 판매 정보를 사용하지 않습니다.
- 브랜드, 제조사, 시리즈, 모델명은 공식 명칭만 사용합니다.
- 동의어/유의어는 검색에서 자동 처리되기 때문에 중복 기재할 필요 없습니다(영문, 오타, 외래어 표기 등).
- 공식적으로 많이 사용하는 키워드 하나만 기입합니다(가능하면 외래어 표기에 따른 한글로 기입).
- 상품명에 많은 단어가 포함되어 있다고 해서 검색이 잘되는 것이 아닙니다. 오히려 중복 단어 사용 및 상품명과 관련 없는 키워드, 수식어, 판매 조건 등을 기입하면 어뷰징으로 인식되어 검색에서 불이익을 받을 수 있습니다.

✳ 판매가

상품의 판매가(=정상가)를 입력합니다. 최저 10원 이상/10원 단위로 등록할 수 있습니다. 네이버 쇼핑에 노출되는 경우 결제 금액 기준 매출연동수수료 2%가 네이버페이 결제 수수료와 별도로 과금됩니다. 그 외에 할인 설정, 재고 수량, 주문 옵션을 판매 조건에 맞춰 각 필드에 입력합니다.

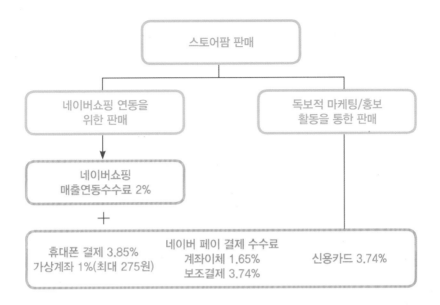

☀ 상품 이미지

- 대표 이미지 1장은 필수, 추가 이미지 9장은 선택으로 등록할 수 있습니다.
- 파일명은 jpg, jpeg, gif, png, bmp 형식의 정지 이미지만 등록됩니다(움직이는 이미지의 경우 첫 번째 컷이 저장).
- [+] 버튼을 눌러 이미지를 추가한 경우 미리보기/이미지 교체/삭제할 수 있습니다.
- 목록 리스트/이미지/갤러리뷰를 제공한 기능은 제거됩니다. 대표 이미지로 목록 이미지를 적용합니다.

☀ 상세 설명

직접 작성, HTML 작성으로 상품 상세를 구성할 수 있습니다. SmartEditor3.0 기능을 제공하며, [SmartEditor3.0으로 작성] 버튼을 눌러 작성이 가능합니다. 일부 단어 및 네이버 이외의 외부 링크는 제한될 수 있습니다. 일부 태그 등은 사용 불가 처리될 수 있습니다.

'사진' 버튼을 누르면 미리 제작해 둔 상세 설명 이미지를 불러올 수 있습니다.

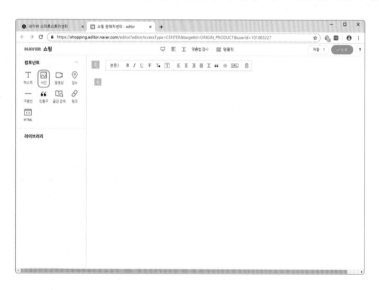

그 외 나머지 정보 중 빨간 점이 표시되어 있는 필드는 필수 입력 항목이므로 반드시 내용을 입력해야 합니다. 각 항목을 확인하여 내용을 입력하고 상품 등록을 완료합니다.

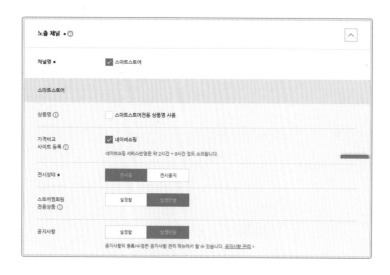

G마켓/옥션에 상품 등록하기

✻ 회원가입

G마켓과 옥션은 두 사이트를 동시에 상품을 등록하고 판매 관리할 수 있습니다. 먼저 G마켓과 옥션 사이트에 각각 판매 회원으로 가입해야 합니다. 사업자 회원 또는 개인 판매 회원으로 등록할 수 있습니다. 각각 판매 회원으로 등록한 후 ESM PLUS(https://www.esmplus.com)에 접속하여 G마켓 아이디와 옥션 아이디를 연동시켜야 합니다.

✳ 상품 등록

좌측 메뉴에서 [상품 관리]-[상품 등록]을 선택합니다. 상품 등록은 기본 정보, 노출 정보, 추가 정보, 고객 혜택/광고 영역으로 구분되어 있습니다. 이중 기본 정보와 노출 정보에는 필수 항목이 포함되어 있으므로 반드시 확인하고 입력해야 합니다.

✳ 노출 사이트

G마켓과 옥션에 상품 등록 여부를 선택할 수 있습니다.

✳ 카테고리

ESM, 옥션, G마켓 순으로 카테고리를 선택하여야 하며 카테고리를 선택하면 각각 이용료를 확인할 수 있습니다. 한 번 선택한 카테고리는 상품 등록 이후 수정이 불가능하므로 선택할 때 주의해야 합니다. 카테고리 관련된 키워드를 검색 키워드로 가지게 되므로 정확한 카테고리에 매칭하는 것이 중요합니다. 또한 검색 정확도에 포함되는 항목이므로 신중하게 선택하는 것이 좋습니다.

✳ 상품명

검색용+프로모션용으로 구분하여 입력합니다(전체 50byte까지 입력 가능).

- 검색용 상품명은 검색 정확도를 높이기 위해 상품의 고유 정보로 입력, 상품 등록 완료 후 수정 불가능합니다.
- 프로모션용 상품명은 판촉 활동을 위한 프로모션 문구, 검색 대상에서 제외, 상품 등록 후 수정 가능합니다.

그 외 나머지 필드는 각 항목에 맞춰 내용을 입력합니다.

✻ 상품 이미지

- 상품 이미지는 추가 최대 14개까지 가능하며 jpg, png만 등록 가능합니다.
- 이미지 사이즈는 1000×1000px 이상으로 등록해야 합니다. 최대 사이즈 제한은 없으며 이미지 용량을 최대 1MB 이하로 제작해야 등록 가능합니다.
- 상품 이미지는 흰 바탕에 단일상품 배치를 원칙으로 하고 있습니다.

✻ 상세 설명

- HTML 사용 불가입니다(아이프레임, 다른 상품 링크, 팝업 링크 모두 불가).
- 이베이에디터는 크롬 브라우저에 최적화되어 있습니다.
- [ebay editor로 상세설명 등록] 버튼을 눌러 작성이 가능합니다.

- '이미지' 버튼을 누르면 미리 제작해 둔 상세 설명 이미지를 불러 올 수 있습니다.
- 상세 설명 이미지는 860×2,500px 이하로 제작해야 등록이 가능합니다. 가로 사이즈를 다른 크기로 제작했다면 이미지의 비율은 1:3 이하로 제작해야 등록할 수 있습니다.

그 외에 나머지 내용 중에서 빨간 별 표시가 되어 있는 필드는 필수 항목이므로 반드시 기재하여야 합니다.

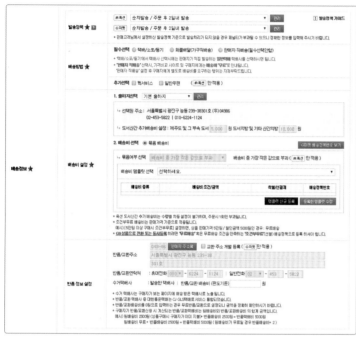

페이스북에 올리기

우리나라의 SNS별 이용률은 페이스북(67.8%), 인스타그램(51.3%), 네이버 밴드(36.7%), 카카오스토리(33.7%), 트위터(16.2%) 등의 순으로 나타납니다. 모바일 동영상 시청 플랫폼인 유튜브의 이용률은 82.4%로 네이버TV(42.8%), 페이스북(26.1%), 인스타그램(17.2%)을 압도했습니다(출처 : 나스미디어, '2018 인터넷 이용자 조사(조사 기간 2017년 12월 19일~2018년 1월 3일 · 조사 대상 2000명 설문조사).

페이스북은 전 세계에서 가장 많은 이용자들이 사용하는 대표 SNS로 성장해 가장 대중적인 서비스로 자리 잡았습니다. 이런 페이스북에서 사람들이 집중하는 콘텐츠는 동영상입니다. 동영상은 몰입도를 높이고 체류시간을 올려준다는 점에서 선호하는 콘텐츠라고 할 수 있습니다. 하지만 동영상을 제외한다면 사람들이 가장 많이 보는 콘텐츠는 카드뉴스입니다. SNS를 주로 이용하는 모바일에서 카드뉴스는 가독성이 좋고 잘 전파되기 때문에 선호하게 되는 콘텐츠라고 할 수 있습니다. 페이스북은 개인계정, 그룹, 페이지로 서비스를 나누어 볼 수 있습니다. 페이스북 서비스에 회원가입을 마친 후 [사진/동영상] 버튼을 이용해 피드에 콘텐츠를 업로드할 수 있습니다.

미리 제작해 둔 카드뉴스 이미지를 순서대로 선택합니다.

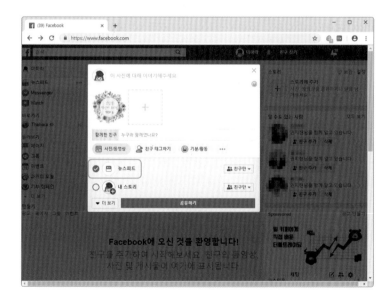

[뉴스피드]를 선택하고 공개 대상을 '전체 공개'로 변경하여 [공유하기] 버튼을 클릭합니다. 페이스북 모바일 버전에서도 동일한 방법으로 콘텐츠를 업로드할 수 있습니다.

인스타그램에 올리기

인스타그램은 출시 5년 만인 2015년에 월 활동 사용자가 4억 명을 돌파했습니다. 2016년 비즈니스 도구 출시와 더불어 2018년부터 카드뉴스 홍보 방식에 효과가 나타나기 시작했습니다. 현재 국내에서 페이스북, 유튜브와 함께 3대 SNS로 자리매김하고 있습니다.

[+] 버튼을 눌러 사진과 동영상을 공유할 수 있습니다. 여러 장의 사진을 공유할 수 있도록 [여러 항목 선택]을 선택합니다.

미리 만들어둔 카드뉴스 이미지를 순서대로 선택합니다. 다음 단계에서 이미지에 다양한 필터 효과를 줄 수 있지만 생략하고 다음 단계로 넘어갑니다.

인스타그램에서 가장 기본은 해시태그 입력입니다. 다른 SNS보다 해시태그의 기능이 뛰어납니다. 해시태그를 통해 모든 검색이 이루어지므로 트렌드에 맞고 관련성 높은 해시태그를 입력하는 것이 매우 중요합니다. 쉽게 검색할 수 있도록 콘텐츠를 분류하는 것이 해시태그의 역할이라고 볼 수 있습니다. 또한 해시태그가 하나 이상 사용한 게시물의 참여율이 12.6% 높습니다. 이것은 해시태그 기능만으로도 이용자의 반응을 더 이끌어 낼 수 있다고 볼 수 있습니다.

인스타그램 마케팅의 포인트는 해시태그라고 봐도 과하지 않습니다. 따라서 고객과 소통하고 팔로워를 높이고 싶다면 전략적으로 해시태그를 활용해야 합니다. 하지만 무작정 해시태그를 많이 쓰는 것은 좋지 않습니다. 경쟁사나 벤치마킹하고자 하는 계정의 게시물을 살펴보고 어떤 게시물이 인기를 끌고 관심을 받고 있는지 확인하여 분석하는 것이 좋습니다. 해시태그를 사용할 때에는 '#'을 입력하고 키워드를 입력하면 해당 해시태그를 사용하고 있는 게시물의 수를 볼 수 있습니다. 그리고 페이스북 계정을 연동시켜두면 인스타그램과 페이스북에 동시에 업로드 됩니다.

사람들은 단순 정보 전달형 콘텐츠보다 감성형 콘텐츠에 관심을 갖기 시작한지 오래입니다. 화려한 테크닉으로 고품질의 이미지를 제작하는 것도 좋지만 그보다 우선시 되어야 하는 것은 어떤 사진에 어떤 말을 어떤 방식으로 풀어나갔는지, 고객은 어떤 반응을 보였는지에 대한 것입니다.
정형화된 콘텐츠보다 현실적이고 광고 느낌이 나지 않는 친근한 콘텐츠에 고객은 움직이게 됩니다. 고객 스스로 움직이게 만드는 것이 파급력 있는 홍보 마케팅이 되며 이는 우리가 만든 콘텐츠로 하여금 수익을 창출시킬 수 있습니다. 이것이 성공한 마케팅이라고 볼 수 있습니다.

[내 피드]를 선택하고 [≡] 버튼을 클릭해 설정에 들어갑니다.

[계정]-[연결된 계정]을 선택합니다.

[Facebook]을 선택하여 계정을 연동시킵니다.

찾아보기

ㄱ~ㅅ

찾아보기